나는
오를 아파트가 좋다

이메일 vegabooks@naver.com　**홈페이지** www.vegabooks.co.kr
블로그 http://blog.naver.com/vegabooks
인스타그램 @vegabooks　**페이스북** @VegaBooksCo

이소라(나땅) 지음

나는 오를
아파트가 좋다

"가장 먼저 불황을 탈출할 부동산
1등석에 타라"

결국 중요한 것은 투자를 결심할 마음,
확실한 의사결정의 기준을 만들어드립니다.

청약부터
재개발까지,
자산 맞춤형
포트폴리오

훨훨, 부룡
김종율 원장
부동산 고수들의
강력 추천!

"특별 부록"
나땅이 주목하는
서울·수도권 호재
단독 공개

베가북스
VegaBooks

인생 최대의 것을 '쇼핑'하라

내 삶이 바뀌게 된 것은 한 권의 책 때문이었다. 알라딘 중고서점을 구경하다가 『익숙한 것과의 결별』이라는 책 한 권을 우연히 집어 들게 되었다. 지금은 고인이 되신 구본형 선생님의 책이다. "확실한 죽음에서 가능한 삶으로"라는 문장 앞에서 나는 '가능한 삶'을 살고 싶다고 말했고 두렵지만 불타는 배에서 뛰어내리기로 결심했다.

1988년 7월, 영국 스코틀랜드 근해 북해유전에서 석유 시추선이 폭발하여 168명이 희생된 사고가 발생했다. 앤디 모칸은 지옥 같은 그 곳에서 기적적으로 자신의 목숨을 구했다.

그가 한참 잠이 들었을 때의 일이다. 잠결에 들리는 폭발음에 본 능적으로 밖으로 뛰쳐나갔다. 눈앞에는 거대한 불기둥이 곳곳에서 요

란한 소리와 함께 치솟고 있었다. 아무리 주위를 둘러보아도 피할 곳이라고는 없었다. 순간 그는 배의 난간을 향해 뛰었다. 하지만 바다 역시 유출된 기름으로 불길을 이루고 있었다. 그가 바다로 뛰어내린다 해도 길어야 30분 정도 여유가 있을 뿐이었다. 그 짧은 시간 안에 구조되지 않으면 살기를 포기해야 했다. 더욱이 배의 갑판에서 바다의 수면까지는 거의 50미터 높이였다. 모든 것이 불확실했고 그는 두려웠다. 그러나 머뭇거림도 잠시 그는 불꽃이 일렁이는 차가운 북해의 파도 속으로 몸을 던졌다.

무엇이 앤디 모칸을 바닷속으로 뛰어들게 만들었을까?

— 구본형, 『익숙한 것과의 결별』(을유문화사, 2007) 중에서

내가 타고 있는 배는 '불타는 배'였다. 죽음을 미룰 수는 있지만, 결국 죽는다는 것은 똑같다. 어차피 죽을 거라면 '가능한 삶'을 선택해야겠다고 나는 생각했다. 그 후로는 두렵지만 여러 가지 일에 도전했고, 또 실패하기도 했다. '실패하는 것'과 '망하는 것'은 엄연히 다르다. 물론 여러 번 실패할 수도 있다. 우리는 망하지 말고, 실패해야 한다. 한 번에 잘되기를 바라는 것은 오만하거나 아무것도 모르는 것, 둘 중 하나다.

"모 연예인이 부동산 경매로 다가구를 낙찰받아서 1층은 카페, 2층은 임대, 3층은 거주용으로 쓴다던데, 너도 경매 한번 해보는 게

어때?"

어느 날 친구가 물어왔다. 오랜 직장 동료이자 전업주부인 친구의 말을 듣고 정말 좋은 기회가 될 수 있다고 생각했고, 나는 마침내 부동산 전문가가 되었다. 이 모든 것은 우연히 펼친 책의 한 문장과 친구의 말 한마디로부터 시작되었다. 기회는 우주에서 끌어 당겨오는 것이 아니라 우리 모두의 주변에 흩뿌려져 있다.

나는 부동산 경매로 부동산 공부를 처음 시작해서 강의까지 하게 되었다. 원래 강의는 할 생각이 없었는데, 나의 경매 스승이신 정충진 변호사의 권유로 강의를 시작하게 되었고 책을 쓰게 되었다. 내 강의는 추상적이지 않고 구체적이다. '노력하면 할 수 있는 것'과 '노력해도 할 수 없는 것'을 분명하게 구분해 준다. 강의가 좋다는 얘기를 오래전부터 귀가 따갑게 들어 왔는데 수강생들이 권리분석보다 어려워하는 것은 다름 아닌, "그래서 무엇을 입찰하나?"였다.

경매는 일반 부동산 투자와는 달라서 경쟁 강도를 분석해야 한다. 초보들이 입찰하는 물건으로는 큰 수익을 보기 어렵다. 제값을 주고 사서 수익을 내본 사람은 경매 수익도 바로 낼 수 있는 반면, 부동산도 모르면서 경매로 바로 입문한 사람들은 자기가 주택이 있는지 없는지조차 모르는 경우가 많다. 이런 사람들에게 현실적으로 실현 가능한 가이드를 '어렵지 않게' 제시해주고 싶은 마음이 조금씩 생겼다.

부동산 전문가들은 한 분야에 전문적인 지식을 가지고 있다. 그래서인지 처음 접근하는 사람에게 필요한 '넓고 얕은 지식'에 대한 책이 별로 없다. 가령 재개발 전문이면 재개발을 끝까지 파보았기 때문에 그 정보가 깊고 좁을 수밖에 없다는 것이다. 양도세도 마찬가지다. 세무사들은 지식이 방대해 집 한 채 사고파는 것은 가르치지도 않는다. 모르는 사람이 없을 거라는 판단 때문이다.

내가 만난 대부분의 부동산 초보는 "그래서 양도세는 얼마 나와요?" 같은 질문을 스스럼없이 한다. 양도세는 이렇게 물어볼 수 있는 것이 아니다. 듣는 순간 숨이 막히지만, 이것이 부동산 초보의 '현실'임을 이제는 누구보다 잘 알고 있으며 이 원고를 기획하게 된 가장 큰 이유이기도 하다. 집을 사는 건 어쩌면 인생 최대의 '쇼핑'일 텐데, 내가 만난 수천 명의 사람 가운데 올바른 지식을 가지고 집을 산 사람은 극히 일부다. 부동산에 대한 경험과 지식이 아예 없는 상태로 '중요한 결정'을 내린다는 것이다. 부동산 초보를 위한 넓고 얕은 지식으로 우선 전체적인 그림을 보게 하고, 자신에게 맞는 것을 찾은 후에 그 분야를 본격적으로 파고들게 만드는 것. 이것이 이번 집필의 궁극적인 목표다.

누구에게나 '부동산을 공부하는 계기'가 있다. '시작'을 어떻게 하느냐에 따라 그 결과 또한 천차만별이다. 나는 그런 여러분의 '시작'을 돕고자 한다. 처음 시작하는 사람은 시야가 좁아서 자신에게 맞는 투자 방법을 찾기 어렵다. 아래의 그림처럼 하나의 문밖에 보이지 않는

다는 것이다. 늦었다는 생각에 다급해지면 처음 보이는 문으로 들어
간다. 내가 처음 저질렀던 실수이기도 하다.

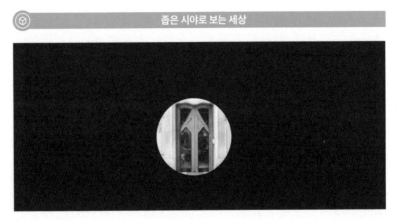

출처: 네이버

이 문이 과연 최고의 선택일까? 실제 세상은 이렇지 않다. 무수한
문, 무수한 기회, 무수한 방법이 기다리고 있다. 나는 여러분 모두에
게 성공을 보장하지는 않는다. 다만 선택할 수 있는 무수한 문, 즉 기
회가 있다는 것을 알려주고 싶다. 진정한 가치를 아는 투자자는 문고
리를 쥘 때 이미 승리를 확신하게 될 것이다.

아파트를 사는 방법에는 여러 가지가 있다. 냉장고를 사려고 마음
을 먹었다면 지금 살 수 있는 냉장고를 적어도 한 번쯤은 다 둘러보고
고르지 않겠는가? 부동산을 공부하려고 마음만 먹고 시작을 못 하고
있다면 아파트 사는 방법과 입지 고르는 방법, 보유 방법, 대출, 세금

출처: 네이버

에 대해 알아본 후 필요한 부분에 집중하는 것이 좋다. 처음 부동산 투자를 시작하는 나를, 지금의 내가 가르친다면 그렇게 할 것이다.

2023년 봄,

나땅

03 · '맞춤형 투자'로 실속 챙기기

04 · 봐도 봐도 헷갈리는 '세금' 집중 분석

05 · 부의 '시기'를 읽는 부자들만의 원칙

Part 1

그래도 나는
아파트에 투자한다

01 당신이 '집테크'를 해야 하는 이유: 부동산은 결국 우상향이라고?

집테크란 부동산 재테크(재무 테크놀로지)를 말하는 신조어다. 'Live or buy', 그러니까 집은 '사는 곳'임과 동시에 투자의 대상으로서 '사야 할 곳'이기도 한 것이다. 내 집 마련은 '내가 만족스러운 집'을 사면 되지만 집테크는 거주의 만족보다는 '자산'으로서의 역할이 더 중시된다. 일반인이 부자가 되려면 사업으로 대박을 터뜨리거나 투자를 해서 큰 수익을 올려야 한다. 여러 투자 대상 가운데서도 부동산 투자의 가장 기본이 되는 것은 집이다. 물론 사업과 투자, 어느 쪽도 쉽지는 않다.

"본업만 하는 자는 망하고, 본업을 버리는 자도 망한다."

—김재철 명예회장(동원그룹 창업주)

직장과 장사, 혹은 사업이라는 '본업'이 있는데 이를 버리고 다른 곳을 기웃거리면 상당한 위험을 떠안게 된다. 모든 일이 그렇듯 열에 아홉은 실패를 맛보는데, '아홉'의 실패를 큰 타격 없이 빠르게 겪으면서, '하나'의 성공을 찾는 것이 성공한 사업가들이 가진 공통적 특징이다. 부동산 투자도 마찬가지다. 이것저것 공부하고, 현장도 다니려 하니 시간이 부족하다. 그렇다고 직장을 그만두고 '올인'할 수도 없고, 미래가 보이지 않는 본업에만 성실하게 임하는 것도 뚜렷한 답은 아니다. 본업에 충실하면서도 새로운 삶을 준비하는 것, 여러분이라고 못 할 건 없다.

　나는 보다 현실적이고 실용적인 내용으로 여러분이 제대로 된 투자를 할 수 있게 협력할 것이며, 내가 겪었던 불필요한 시행착오를 여러분은 겪지 않도록 할 것이다. 본론으로 들어가서, 좋은 아파트를 사기 위해 알아야 할 필수 항목은 6개 정도로 추릴 수 있다.

　1) 투자 시기: 언제, 어느 때에 투자할 것인지 고려
　2) 지역 선정: 생활권 등 따져보기
　3) 상품 선정: 입지가 좋은 구축, 입지가 좋지 않은 신축 등 고려
　4) 가격 결정: 적당한 가격에 대한 고민
　5) 대출: 현재의 상태에서 대출받을 수 있는 한도 계산
　6) 세금: 비과세, 일반과세 등 분석

　부동산 자산가가 되려면 위의 항목 정도는 반드시 알아두어야 한

다. 실제로 40대, 50대 수강생분들도 이런 기본적인 지식이 없는 경우가 허다하다. 그저 '돈에 맞춰, 아는 동네에서 매수한 다음 오래도록 살게 되는 경우' 십중팔구는 실패한다. 집값이 떨어져도 괜찮다고 생각하는 사람은 아마 없을 것이다. 투자 가운데서도 '집으로 하는 투자'가 1순위가 되어야 하며, 나아가 자산을 불릴 제2의 수단이 있다면 금상첨화가 될 것이다.

◉ 부동산 사이클과 입지

부동산 투자를 하기로 마음먹었다면 '언제 사는가?', '무엇을 사는가?' 이 두 가지를 놓고 고민하게 된다. 이는 부동산 경기사이클과 입지 선택에 관한 문제인데 언제, 무엇에 투자할지는 동시에 고려해야 하는 문제이며 사람에 따라 둘 중 어디에 더 무게를 둬야 하는지가

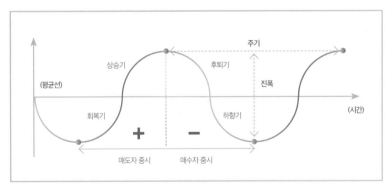

✔️ **부동산 경기 변동 그래프**　　　　　　　　　　　　　　출처: 네이버

달라진다. 부동산 사이클이란 쉽게 말해, 부동산 경기의 흐름을 보고 하는 투자이다.

부동산 사이클이라고 하면 사인 그래프를 닮은 이 그래프를 떠올릴 수 있지만, 실질적으로 매매가는 이런 그래프대로 흐르지 않는다.

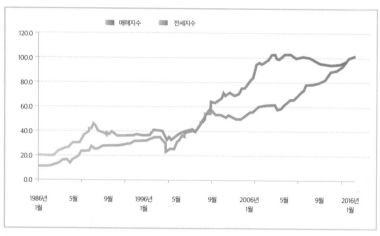

✅ **서울 아파트 매매 및 전세 지수**   출처: 국민은행

부동산 경기 흐름이 상승하고 하강한다는 것이지, 매매 시세가 오르락내리락하면서 사인파 같은 모양을 그리지는 않는다. 사이클 투자자는 사는 시기를 상품의 가치보다 중요하게 생각한다. '무엇을 사는가'보다 '언제 사는가'를 더 고민한다는 것이다.

최근 3년　　**전체 기간**　　매매/전세　　비교

2006.02~2017.09 (11년 7개월) +2,900 (5.4%)

10억

5억

0

실거래 335건 / 회전율 79%

거래량

2006 2008 2010 2012 2014 2016 2018 2020 2022

✅ **분당의 모 아파트 매매가 추이**　　　　　　　　출처: 호갱노노

이 아파트는 거의 12년 동안 매매가가 오르지 않았다. 2006년 6억 원대였던 것이 하락하면서 2012년쯤 4억 원대로 떨어졌다가, 다시 6억 원까지 올라오는 데 12년이 걸렸다. 화폐가치를 생각하면 12년 동안 꾸준히 값이 떨어진 것과 같다. 입지가 나빠서 그런 게 아니냐는 의문이 들 수 있지만 소위 '천당 아래' 있다는 분당의 아파트다. 입지가 나쁘지 않아도 시기를 잘못 만나면 10년 이상 장기 보유해도 값이 오르지 않을 수 있다는 것이다.

반면, 입지를 중요시하는 투자자는 갈수록 가치가 높아지는 곳을 선택해야 한다. 부동산은 결국 '우상향'이기 때문이다. 위의 그래프에서 강남구와 마포구, 은평구를 지역 평균 평단가로 비교했을 때 강남

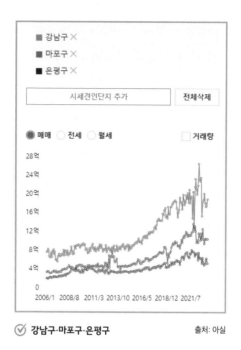

■ 강남구 ✕
■ 마포구 ✕
■ 은평구 ✕

| 시세견인단지 추가 | 전체삭제 |

◉ 매매   ○ 전세   ○ 월세   □ 거래량

28억
24억
20억
16억
12억
8억
4억
0
2006/1 2008/8 2011/3 2013/10 2016/5 2018/12 2021/7

✓ 강남구·마포구·은평구   출처: 아실

구가 가파르게 상승했음을 알 수 있다. 상급지의 가파른 상승폭으로 인해, 마포구에 아파트를 소유한 사람은 해당 아파트의 상승분을 가지고는 강남구로 이사할 수가 없다는 것이다. 그 때문에 입지투자자는 자신이 가진 돈으로, 될 수 있으면 더 급지가 높은 곳으로 들어가는 '틈'을 공부하는 것이 바람직하다.

사이클과 입지 둘 다 딱 맞는 투자를 하면 좋겠지만 현실적으로 내가 할 수 있는 게 무엇인지 생각해보는 것이 먼저다. 사이클 투자는 부동산 경기를 거시적인 눈으로 지켜볼 줄 알아야 한다. 만약 현재 부동산 사이클이 좋지 않다는 판단이 서면, '부동산 사이클이 길게는 10년까지도 간다'는 가정하에 10년간 타이밍을 지켜보면서 '투자할 때'를 기다릴 줄 알아야 한다. 인내와 집중력, 안목이 필요한 대목이다.

사이클을 보는 투자자도 입지의 좋고 나쁨을 알지만, 입지가 아무리 좋아도 시점이 좋지 않으면, 장기보유를 해도 수익을 보기가 어렵다. 우리나라 및 세계 경제전망이나 금리, 부동산 시장의 전체 흐름을 '투자 의사 결정'에서 가장 중요하게 보는데, 우크라이나 전쟁과 포스트 코로나 인플레이션으로 인한 급격한 유동성과 금리 인상이 앞날을 예측하기 어렵게 만들고 있다. 투자하지 않으면서 10년 동안 사냥감만 기다리는 것은 매우 어려운 일이다. 현재는 전국의 전세와 매매가 어려운 시기를 지나고 있지만, 이는 아주 특수한 상황이며 과거에는 지역마다 사이클이 달랐다.

가치투자자는 입지의 가치가 높아지는 지역을 찾는데, 우리가 아는 지하철이나 교통 호재, 일자리, 재개발 등으로 상품의 가치가 좋아지는 것을 찾아 투자를 결정한다. 가치투자자라고 부동산 사이클을 모르는 건 아니지만 정확한 타이밍을 잡기가 어렵기 때문에 대체적인 부동산 분위기와 객관적인 판단으로 가치를 매겨 의사를 결정하는 편이다. 좋아질 지역을 예측하는 건 누구나 할 수 있다. 가치투자자는 현재 할 수 있는 것에 집중하는 투자자다.

부동산이나 경제 전문가가 아닌 일반인들이 할 수 있는 최선은 고점이 아닌 때에 자기가 할 수 있는 '최선의 선택'을 하는 것이다. 일반인이 할 수 있는 '최선'은 가치투자라고 생각한다. 지금이 최고점이 아니라는 것은 누구나 공감할 것이다. 여기서 부동산 경기가 앞으로 더 나빠질 거라 말하는 사람도 있고, 이미 바닥을 쳐서 더 나빠질 게 없다고 말하는 사람도 있을 것이다. 누구나 자신만의 생각이 있고 그 생각에 맞는 선택을 하겠지만, 결과에 대한 책임은 어디까지나 본인의 몫이다.

'내가 과거에도 부동산 사이클을 잘 판단했었는가?'

부동산 사이클을 보고 투자하려는 투자자들이 가장 먼저 떠올려야 하는 질문이다. 부동산 경기에 관심이 없었고, 전망을 해본 적도 없으면서 사이클을 판단한다는 것은 그야말로 어불성설이다. 지역마다 다른 사이클의 저점을 과거에 느꼈었고, 상승할 때를 알았다면 사이클 투자를 할 수 있는 투자자라고 볼 수 있다. 사야 할 시점이 눈에 보인다면 무엇을 산다고 해도 수익을 볼 수 있을 것이다. 자기 능력에 맞는 전략을 세워야 하는 까닭이다.

어떤 호재가 있을 것으로 예상하고 부동산을 사서 10년 동안 보유했는데 팔자마자 값이 올랐다면 부동산 지표와 경기에 대한 공부가 필요한 사람이다. 호재는 '호된 재앙'이라고도 불린다. 입지가 좋아질 것이라는 예측과는 다르게 시세가 안 오를 수 있다는 것이다. 호재가 발표되는 시점에 너무 발 빠르게(?) 투자한 경우나, 지하철이 개통하면 오를 줄 알았는데 예상과는 달리 오르지 않는 경우 모두 공부가 조금 더 필요한 투자자이다. 입지 가치에 집중하는 투자자들은 '오늘 할 수 있는' 최선을 다한다.

다소 극단적인 두 가지 예를 들었지만, 두 경우 모두 결국 '언제, 무엇을 사는가?'를 고민해야 한다는 점은 똑같다. 사이클 투자자는 사냥꾼처럼 사냥감을 기다리는 투자자이고, 가치투자자는 농부처럼 매일 자신의 밭을 가꾸는 투자다. 2021년과 2022년의 상승장 위기는 물건의 가치와는 별개로 너무 높아진 가격에서 왔기 때문에, 부동산 시장만 보고 있었다면 그 위기를 예측하기 어려웠다. 아무리 입지가 좋아도 하락장에는 가격이 떨어진다는 것을 명심하자.

02

종잣돈보다 '아는 것'이 먼저다:
생각보다 적은 돈이 드는 투자처

사람들에게 부동산 투자를 공부해야 한다고 말하면 보통 '돈이 있어야 공부를 하든 하지요'라는 답변이 돌아온다. 정말로, 돈이 생기면 그때부터 투자 공부를 해야 할까? 결론은, 그렇지 않다는 것이다. 자산은 지식과 함께 성장하므로 공부는 돈이 없을 때부터 해두어야 한다. 돈을 아무리 많이 가지고 있어도 지식이 없다면 그 투자는 실패할 확률이 높기 때문이다.

돈이란 것은 없다가도 생기지만, 지식은 어느 날 갑자기 생기는 것이 아니다. 시간과 노력을 쏟아부어도 모자랄 정도다. 기회는 도처에 있고, 공부하지 않으면 그 기회가 기회인지도 모르고 놓쳐버리고 말 것이다. 지식은 곧 돈을 담는 그릇이다. 무언가를 담기 전에 그릇을 먼저 준비해야 한다. 종잣돈이 없을 때도 공부해야 하는 이유는 다음과 같다.

첫째, 목표가 뚜렷하기에 목표 달성(종잣돈 모으기) 또한 쉽다. 길을 가는데 목적지가 불분명하다면 '도착'에 대한 확신을 갖기 어렵다. 물론 종잣돈을 모으는 데엔 상당한 절제력이 요구되고, 이는 또한 극심한 스트레스를 유발한다. 사고 싶은 것을 사지 못하고, 먹고 싶은 것을 먹지 않으려면 보상에 대한 그만큼의 확신이 필요하기 때문이다. 결국 '내가 사고 싶은 옷을 사지 않는 이유는, 나중에 이보다 더 좋은 것을 누리기 위해서이다'라는 구체적이고 확실한 목표가 있어야 한다. 그러기 위해서는 성공한 사람들을 많이 만나고, 그들의 경험을 간접적으로 체험해보는 것이 좋다. 그들은 소비할 때의 만족보다 자산을 불려 나갈 때의 만족을 더 값지게 여긴다. 돈을 모으는 기나긴 시간 동안 내가 '얼마큼의 돈을 모아, 그 돈으로 어떤 것을 할 수 있는지' 분명히 알고 있어야 돈을 제대로 모을 수 있다.

둘째, 투자 실패의 가능성을 현저히 줄일 수 있다. 부동산 사기를 당하는 사람 중 90% 이상이 돈은 있는데 부동산 지식이 없는 사람들이다. 즉 아무것도 모르면서 돈만 좇다가는 사기꾼의 먹잇감이 되기 딱 좋다는 거다. 꾸준히 공부하다 보면 '생각보다 적은 돈'으로도 투자할 만한 것을 금방 찾아낼 수도 있다. 처음 부동산 투자를 해야겠다고 마음을 먹으면 괜히 조급해지기 마련이고, 이 조급함을 통제하는 것은 여러분의 생각보다 훨씬 더 어렵다. 아무것도 모르는 상태에서는 마음이 야생마처럼 날뛰기 때문이다. 돈이 없을 때는 '돈이 없어서' 투자하지 못하기에, 최소한 '경솔한 투자'는 막을 수 있다.

셋째, 돈이 어느 정도 모였을 때, 즉시 좋은 투자를 시작할 수 있다. 아무것도 모르던 상태에서 이제 어느 정도 의사결정을 할 수 있는 상태로 들어서면 좋은 선택을 하게 될 확률 또한 높아진다. 게다가 이제 종잣돈도 어느 정도 마련이 되었고, 이러한 과정에서 지출관리가 습관화되었을 것이기도 하다. '필요한 지식'과 '마음을 다스리는 방법', '종잣돈'이 동시에 준비되는 안정적인 단계가 자연스레 형성되는 것이다.

✅ **부루마불 게임**   출처: 네이버

원하든 원하지 않든 자본주의 머니게임은 우리가 태어나면서부터 시작된다. 당연한 얘기지만, 게임을 이기기 위해서는 먼저 룰을 알아야 한다. 부루마불이라는 게임을 한 번쯤 해봤을 것이다. 내가 땅을 사면 그 위를 지나가는 사람들이 통행료를 내는 식으로 자산을 모을 수 있다. 결국 자산이 많은 사람일수록 점점 더 쉽게 돈을 벌게 된다는 것이다. 물론 자산만 사고 현금이 없으면 파산하게 될 수도 있다. 자본주의의 룰과 다를 바가 없다.

부루마불 게임은 한 바퀴를 돌게 되면 일정액의 월급을 받는다. 거꾸로 생각해서, 확실하게 지려면 그 월급(20만 원)을 받으면서 아무것도 사지 않고 계속 돌기만 하면 된다. 돌다 보면 남의 땅을 지나게 되고, 세금이나 병원비 등의 지출을 하면서 얼마 되지도 않는 월급을 모두 탕진할 것이기 때문이다. 즉, 자산소득 없이 한 달에 한 번 나오는 월급만 가지고는 이 게임에서 도저히 이길 수가 없다. 자신이 월급만 받을 때, 월급도 받고 통행료도 받는 경쟁자들을 이기는 건 불가능에 가깝다.

이 게임은 자본주의 시스템을 기반으로 만든 게임이다. 자본주의는 자본이 돈을 버는 시스템으로 작동한다. 그 시스템 안에서는 사람도 하나의 재료에 불과하다. 노동은 소중하고 가치 있지만, 자본 없이 노동으로만 돈을 벌려고 한다면 '인플레이션'이라는 거대한 괴물과 맨주먹으로 싸워 이겨야 한다는 것이다. 그 괴물은 잠들지 않고, 아프지 않고, 쉬지도 않는다.

인생의 후반부, 그러니까 게임이 끝나갈 때쯤 이 룰을 알게 된다면 어떨까? 실제로 성실하게 일했던 많은 사람들이 정년이 되었을 때야 비로소 자본주의 시스템을 깨닫고 후회하곤 한다. 종잣돈도 중요하지만 결국 그 전에 부동산에 대해 '알아야 한다'는 것이다. 부동산 공부는 하루아침에 끝낼 수 있는 게 아니다. 돈이 없어도, 투자하게 될 '언젠가'를 위해 미리 공부해두는 것이 바람직하다.

기회는 반드시 찾아온다.
실력 없는 자에겐 잠자고 있을 때 찾아오고,
실력 있는 자에겐 눈을 부릅뜨고 있을 때 찾아온다.

— 데이비드 리빙스턴

03

아파트 투자에도 성공 '로드맵'이 있다:
투자자 유형 분석

사회생활을 시작하고 따로 시간을 내지 않는 이상 부동산 공부를 하긴 어렵다. 내 집 마련에 체계적인 커리큘럼이 있는 것도 아니라, 책을 읽거나 독학을 하고 기껏해야 지인에게 자문을 구하는 식으로 지식을 습득한다. 이때 지인에게 거래 경험과 지식이 많다면 분명히 도움이 되겠지만, 대부분의 사람들은 평생 두 번, 세 번의 거래도 하기 힘들다.

2007년에 높은 가격에 산 집이 2008년 부동산 하락을 겪으며 값이 폭락했다. 최대한도로 대출을 받아 산 8억 원짜리 집이 5억 원으로 떨어져, 집을 팔지도 못하고 울며 겨자 먹기로 버티던 시기가 있었다. 이렇게 집을 샀다가 크게 실패해 본 경험이 있는 사람에게 물어보면 백이면 백, 집을 사지 말라고 할 것이다.

물론 그들의 경험담을 듣는 것도 적지 않은 도움이 된다. 전세가 안 나가서 고생했던 이야기, 이상한 임차인을 만난 이야기 등 직접 경험해보지 않더라도 어느 정도 감을 익힐 수 있다는 것이다. 단, 그들의 이야기는 자신들이 경험한 극히 '일부'의 이야기이므로 무작정 따르거나 적용해서는 안 된다. '장님이 코끼리 만지는 식'의 접근은 지극히 위험하다. 대부분의 이야깃거리는 꾸며지고 부풀려지기 마련이다.

부동산 투자를 할 때 크게 두 유형의 투자자를 만날 수 있다. 첫 번째는 소심한 유형의 투자자. 이들은 투자를 한 번 잘못하면 인생이 쫄딱 망할 거라 생각한다. 그 때문에 어떠한 리스크도 감수하지 않으려 한다. 이런 사람들이 소득마저 적다면 평생을 가난하게 살아야 한다. 안정적인 삶에 높은 가치를 두는 건 괜찮지만, 실패를 지나치게 두려워한다면 삶에서 주어지는 기회들을 모조리 놓치게 될 것이다.

성공은 불확실 속에 있다. 1루를 밟아도, 2루로 갈 수 있을지는 불확실하다. 두려움이 많은 사람에게는 거래 빈도와 횟수가 적고 신중하면서도 스트레스가 적은 투자가 적합하다. 직장에 다니고 있다면 실거주 투자나 일시적 2주택, 혹은 비주택 투자를 하는 게 좋다. 주택 수가 많고 자주 관리를 해주어야 하는 다주택 갭투자는 이런 유형의 투자자에게는 어울리지 않는다.

두 번째는 행동력이 강한 유형의 투자자. 이런 사람들은 일단 하기로 마음을 먹으면 바로 실행으로 옮기는 성향이다. 장단점이 있겠으나 이런 유형은 보통 무언가를 꾸준히 하지는 못한다. 물론, 그걸 극복한다면 성공할 확률이 매우 높아진다. 부동산은 결단력이 좋고, 끈기 있는 사람들이 그 결과 또한 좋다. 한두 번 실패해도 그 실패를 발판 삼아 충분히 다시 일어설 가능성이 있기 때문이다.

실행력 있는 투자자는 일시적 2주택에 만족하지 못하는 사람들이 대부분이다. 가만히 있으면 몸살 나는 그런 사람들 말이다. 나 역시 그렇다. 성격이 급해서 당장 좋아 보이는 곳에 투자했다가 몇 개월 뒤 '더 좋은 선택지가 있었을 텐데' 하며 아쉬워하곤 한다. 결국, 모든 투자는 자신의 성향을 먼저 파악한 후에 투자 환경, 빈도, 난이도 등을 결정하는 것이 바람직하다.

부동산 투자는 1) 비과세 투자, 2) 다주택 투자, 3) 비주택 투자, 4) 디벨러핑, 이렇게 4단계로 크게 나눌 수 있는데 비과세 투자는 양도세 비과세에 맞춰 물건의 개수와 보유기간을 조절하는 것이다. 비규제지역은 한 채를 2년 보유하면 양도세를 내지 않으며, 규제지역은 '2년 보유, 2년 거주' 요구를 충족해야 한다(현재 규제지역은 강남, 서초, 송파, 용산이다). 비과세는 양도차익이 클수록 중요해진다.

이보다 한 단계 더 나아간 것이 일시적 2주택이다. 이 집에서 저집으로 이사 가면서, 임차인의 계약기간도 있고 한날한시에 사고파는 것이 어려워 중복 보유기간을 준다. 또 이사 갈 집이 재개발이나 재건축 대상이라면 짓는 동안은 살 수가 없기에 조금 더 오랫동안 중복 보유가 가능하다. 주택은 생존에 필수인 만큼 규제가 많고 또한 까다롭다. 여기까지는 부동산 투자라기보다 집테크라고 하는 게 더 정확할 것이다.

한 걸음 더 나아가 주택 수를 늘리면서 투자하거나 상가, 토지 등 주택의 성격에서 벗어난다면 비로소 부동산 투자의 길로 들어서게 되는 것이다.

"선생님, 저는 아파트 투자도 하고 싶고, 상가에서 월세도 받고 싶은데 무엇을 먼저 해야 하나요?"

어떤 사회초년생이 실제로 내게 이런 질문을 던졌다. 두 마리의 토끼를 잡고 싶다면 상가보다는 주택을 먼저 하는 편이 낫다. 주택은 기존 대출에 따라 대출 제한이 많으므로, 주택을 먼저 택한 후 상가를 택하는 것이 좋다. 상가 대출이 있는 상태에서, 나중에 주택담보대출을 받을 때 대출이 어려워질 수 있기 때문이다. 이렇듯 모든 투자에는 순서가 있다는 것을 기억하자.

팔 때는 반대로 규제가 덜하고 양도차익이 적은 것을 먼저 팔아야 한다. 부동산은 사는 순서 못지않게 파는 순서 또한 중요하다. 사회초년생이 이만큼을 아는 건 사실 쉬운 일이 아니다. 사는 것도 파는 것도 '순서'를 따라야 안정적인 투자를 할 수 있다.

아무리 지식이 풍부하다고 해도 내가 그것을 '실행'하지 못한다면 마찬가지로 아무 의미가 없다. 누구에게나 '시작'은 분명 어렵다. 투자를 하자니 실패할까 봐 두렵고, 투자를 안 하자니 혼자 뒤처질 것 같아 두렵다. 둘 다 두렵다면 덜 두려운 것을 선택하자. 현재 내가 할 수 있는 부분부터 시작해서 점점 스케일을 키워나가는 것이야말로 투자의 진정한 첫걸음이라 할 수 있다.

집테크 기본 로드맵

---

① 내가 살 수 있는 가장 좋은 곳에서부터 시작한다.

② 양도세 비과세 시점에 다음 스텝을 정하고 상급지로 올라간다.

③ 많은 수익이 기대되는 좋은 것, 규제가 심한 것부터 사고, 양도차익이 적거나 규제가 덜한 것을 먼저 판다.

④ 비과세 > 일반과세 > 중과세로 세팅하되 중과세는 되도록 피한다.

부동산은 시세 서열, 즉 계급이 있다. 항상 비교 대상이 있어서, 같은 투자금일 때는 무엇을 선택해야 할지 판단해야 한다. 강남 서초가 좋다는 것은 누구나 알지만 강남 서초를 살 수 없는 사람은 어디로 눈을 돌려야 할까. 자신이 현재 갈 수 있는 곳에서부터 시작, 기회가 될 때마다 더 좋은 곳으로 옮겨가는 것이 바로 집테크의 로드맵이다.

04 | 아파트, 빌리지 말고 사라: 해답은 금리에 있다!

고소득자가 아닌 이상 사업이나 투자를 해야 부자가 될 수 있다는 걸 알지만, 집값이 떨어지는 시기의 부동산 투자는 위험하다고 판단되어 섣불리 움직이지 못할 때가 있다.

경매로 매각된 이 아파트는 8억2,000만 원 정도의 시세를 형성하다가 최근 6억 원대까지 매매 시세가 떨어졌다. 전세도 거품이 꺼지면서 5억6,000만 원이던 전세가 4억 원대로 떨어졌다. 경매로 5억7,000만 원에 입찰했으면 단독 낙찰받을 수 있었던 물건이 아무도 입찰하지 않자 3억9,900만 원까지 유찰되었고, 다수의 입찰자가 몰려 결국 5억5,555만 원에 낙찰되었다.

2022타경31127			• 인천지방법원 부천지원 • 매각기일 : 2022.12.08(木) (10:00) • 경매8계(전화:032-320-1138 [별관1층 민사신청과])				

소 재 지	경기도 부천시 도약로 82, 2212동 4층▓▓ (▓▓,진달래마을) 도로명검색 🔲 주소 복사 구)경기도 부천시 ▓▓ ▓▓						

물건종별	아파트	감정가	816,000,000원		오늘조회:1 전체조회:642		
토지면적	51.15㎡(15.47평)	최저가	(49%) 399,840,000원	구분	입찰기일	최저매각가격	결과
건물면적	84.95㎡(25.70평)	보증금	(10%) 39,984,000원	1차	2022-06-16	816,000,000원	변경
매각물건	토지 및 건물일괄매각	청구금액	320,056,353원	2차	2022-09-29	816,000,000원	유찰
사건접수	2022-01-26	소유자	김OO	3차	2022-11-03	571,200,000원	유찰
개시결정	2022-01-27	채무자	김OO	4차	2022-12-08	399,840,000원	매각
사 건 명	임의경매	채권자	에OOOOOOOO	매각	매각가 555,555,555 (68%) 입찰56명 낙찰자:이O석 차순위금액 540,900,000원		

☑️ **낙찰된 물건**   출처: 행꿈사옥션

☑️ **진달래마을 매매가**   출처: 호갱노노

☑️ **진달래마을 전세가**   출처: 호갱노노

전세 시세가 내려가서 임차인이 편해졌을까? 전세자금 대출 금리가 올라서 임차인도 어렵기는 매한가지다(전세자금 대출은 대출 심사 시에 DSR이라는 소득요건을 보지 않으며, 전세 금액의 80%까지 나온다).

부동산 투자를 할 때는 항상 금리를 고려해야 한다. 위에서 예를 든 진달래마을 대림e편한세상 84㎡형의 경우 2021년 8월 전세 시세가 5억 6,000만 원이었고, 금리 2.75%(기준금리 0.75%+2%로 가정)일 때 1년 이자는 1,540만 원이었다. 그러나 2022년 12월 전세 시세는 4억 원(네이버 최저가)이었으며, 금리 6%(기준금리 3.25%+2.75%로 가정)일 때 1년 이자만 2,400만 원, 이는 월세 200만 원을 내는 것과 비슷한 수준이다. 실제로 최근에 6.6%에 전세자금 대출을 받은 친구가 있다.

'전세자금 대출 이자보다 월세가 낫다'라는 판단 때문인지 3,000만 원/150만 원이던 이 아파트 월세는 현재 매물이 하나도 없다. 한국부동산원 부동산 통계에서도 매매가, 전세가는 내려가고 월세 지수가 급격하게 오르고 있다. 임차인들이 고정금리의 효과가 있는 월세를 선호해 수요가 늘었기 때문이다. 월세는 금리가 올라도 2년간 고정된다. 계약갱신청구권을 사용했을 때는 5% 이내로 상승이 제한된다. 금리 인상 속도 조절에 대한 얘기가 나오고 있지만, 오르는 추세가 쉽게 바뀌기 어렵다는 분위기 때문에, 전세보다는 월세가 그나마 거래량이 많다.

전세는 내려갔는데 금리가 올라서 결국 전세 세입자의 주거지출

비용이 늘어났다. 최근에는 전세자금 대출 금리가 5.25%~7%에 달하면서 세입자의 부담을 가중시키고 있다. 만약 5억6,000만 원에 이 아파트 전세를 살고 있다면, 6억 원대 초반이라도 집을 매수하는 것이 좋다. 전세자금 대출보다 담보대출 조건이 낫기 때문이다. 위 경매 사례에서 5억 5,500만 원 정도에 낙찰되었듯이 경매도 주의 깊게 살펴야 한다(경매도 디딤돌대출이나 특례보금자리 대출이 가능하다).

전세 4억 원으로 매년 이자 2,400만 원 내는 것보다, 6억 원에 사서 이자 2,400만 원 내는 것이 더 좋은 이유

----

① 금리 인상 시기를 지나고 나면 이자 부담이 줄어든다.

② 아파트 시세가 7억 원~8억 원까지 올라갈 수 있다. 또한 8억 원 하던 아파트는 값이 떨어지더라도 쉽게 8억 원 선을 회복한다. 그 가치가 검증되었기 때문이다 (2억 원 모으기는 정말 어렵다).

③ 시세가 오르지 않더라도 우리 가족이 살아야 하는 공간에 대한 비용을 지급해야 한다. 주택시장이 나빠도 우리는 결국 주택에서 살아야 한다.

④ 내 집에서 산다는 안정감은 돈으로 환산할 수 없을 만큼 크다.

⑤ 전세, 집값, 전세자금 대출 이자는 언제든 더 오를 수 있다. 만약 현금을 조금 가지고 있다면 부담은 줄어들 것이다.

담보대출은 특례보금자리 대출로 바꿀 수 있고 이자가 시중 대출 금리보다 조금 낮다. 한마디로 담보대출 이자보다 전세자금 대출 이자가 비싸다는 얘기다. 만일 6억 원에 이 집을 매수했다면 1년 대출 이

자가(6억 원 모두 대출이라고 가정) 2,400만 원 정도 된다. 이는 전세자금 대출이나 월세보다 낫다.

물론 '영끌(영혼까지 끌어모아)'을 하려면 '집값 하락', '지출 증가', '수입 감소' 등의 위험에 쉽게 노출된다. 집값은 거품이 빠지는 중이고, 싸게 산다면 충분히 리스크 헷지가 가능하다. 늘어날 지출을 염두에 두고 가능한 부담 한도를 다 채우지는 말아야 한다. 그게 버거우면 평수를 줄이거나 조금 저렴한 단지를 택하는 것도 하나의 방법이다. 자영업이나 맞벌이를 하다 한쪽이 쉬게 되는 경우 수입이 줄어들게 되는데 이를 대비하여 비상금을 비축해두는 것도 좋다. 결국, 자신이 현재 처한 상황에서 조금은 여유를 두고 투자 계획을 세워야 한다는 것이다.

불안정한 집값 때문에 월세나 전세로 거주해야 마음이 편하다면, 그래서 한 달에 200만 원을 주거비로 지출한다면, 다른 투자로 그 이상의 수익을 내야 한다. 아마 생활비 중 가장 큰 지출일 터인데, 이 지출을 수익으로 가져오는 것이 바로 집테크다. 다시 말해, 집테크는 살면서 '투자도 되는 집'을 사는 것이다.

당연하게도 아무 집이나 산다고 해서 다 이익을 보는 건 아니다. 평균 이상이 되는 아파트를 샀을 때, 큰 기술이 없는 일반인 10명 중 8명은 성공하는 것이 바로 '집테크'인 것이다. 게다가 양도차익에 세금을 안 낼 수도 있다. 모든 투자 중 가장 안전하고 리스크 또한 적다. 이는 집으로 재테크를 하는 사람이 그처럼 많은 까닭이기도 하다.

집으로 수익을 올리지 못하면 다른 부동산은 엄두도 못 내는 경우가 다반사다. 실물 경기가 좋지 않고, 주택 투자가 부동산 투자 중 난도가 가장 낮기 때문이다. 통계상 소득에 비해 아파트 가격이 터무니없이 높았던 것도 사실이다. 그럼에도, 투자를 포기해서는 안 된다. 부동산 시장의 전망이 좋지 않아도, 수익 실현을 할 수 있는 것은 우리가 통계나 평균에 투자하지 않기 때문이다. 최근 신반포 아파트를

✅ 잠원 신반포아파트

출처: 행꿈사옥션

낙찰받으신 분의 사례를 들어보자.

2021년 말에서 2022년 초, 41억 원에 낙찰되었던 신반포아파트가 있다. 평당 시세가 9,000만 원으로 33평형이 31억 원까지 거래되는 단지였고, 입찰자는 45평인 경매물건을 41억 원에 낙찰받았다. 당시에는 매물 가격이 15억 원이 넘으면 대출이 나오지 않는다는 문제가 있었는데, 입찰자는 잔금을 전액 현금으로 지급할 능력이 되었기에 덜컥 낙찰받게 되었다.

그러나 너무 비싸게 낙찰받았다는 생각이 들어 잔금을 미납하게 되었고(단독입찰이기도 했고), 결국 이 집은 2022년 11월, 부동산 시장이 안좋을 때 경매로 25억 5,000만 원에 최종 낙찰되었다. 현재의 분위기로 생각한다면 신반포아파트는 사지 않는 게 맞다. 부동산 전망도 좋지 않은 데다 금리가 높고, 심지어 재건축도 오래 걸릴 것이기 때문이다. 그러나 신기하게도 40억 원짜리를 25억 원에 낙찰받으면 부동산 전망이나 금리와 무관하게 반드시 수익이 난다.

우리는 정해진 가치를 가진 부동산을 특정한 가격에 산다. 언론에서 보도하는 것은 평균이나 전망이다. 경기 전망에 투자하는 것이 아니기 때문에 우리의 수익이 관련이 있을 수도 있고 없을 수도 있다. 경기가 나빠도 수익이 나는 투자는 있는 법이니, 부동산 전망이 나쁘다고 손놓고 있을 필요가 없다.

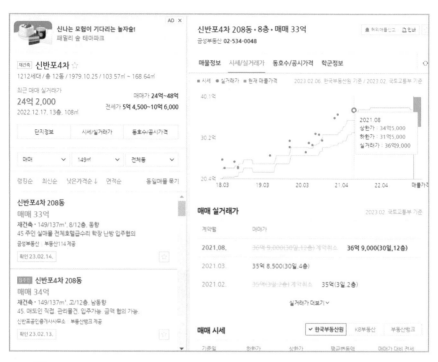

신나는 모험이 기다리는 놀자숲!
패밀리 숲 테마파크

재건축 **신반포4차** ☆
1212세대 / 총 12동 / 1979.10.25 / 103.57㎡ ~ 168.64㎡

최근 매매 실거래가
24억 2,000   매매가 **24억~48억**
2022.12.17, 13층, 108㎡   전세가 **5억 4,500~10억 6,000**

단지정보	시세/실거래가	동호수/공시가격

매매 ∨	149㎡ ∨	전체동 ∨

랭킹순   최신순   낮은가격순 ↓   면적순   동일매물 묶기

신반포4차 208동
매매 **33억**
재건축 · 149/137㎡, 8/12층, 동향
45. 주인 실매물 전체호텔급수리 확장 난방 입주협의
금성부동산 · 부동산114 제공
확인 23.02.14.

집주인 **신반포4차 208동**
매매 **34억**
재건축 · 149/137㎡, 고/12층, 남동향
45. 매도인 직접, 관리물건, 입주가능 금액 협의 가능
신반포공인중개사사무소   부동산뱅크 제공
확인 23.02.13.

신반포4차 208동 · 8층 · 매매 33억
금성부동산 02-534-0048

매물정보   시세/실거래가   동호수/공시가격   학군정보

■ 시세 ■ 실거래가 ■ 현재 매물가격   2023.02.06 한국부동산원 기준 / 2023.02. 국토교통부 기준

2021.08
상한가 : 34억5,000
하한가 : 31억5,000
실거래가 : 36억9,000

40.1억
30.2억
20.4억
18.03   19.03   20.03   21.04   22.04   물건가격

매매 실거래가   2023.02 국토교통부 기준

계약월	매매가
2021.08.	36억 9,000(30일,12층) 계약취소 / 36억 9,000(30일,12층)
2021.03.	35억 8,500(30일,4층)
2021.02.	35억(3일,2층) 계약취소 / 35억(3일,2층)

실거래가 더보기 ∨

매매 시세   ∨ 한국부동산원 KB부동산 부동산뱅크

기준일	하위가	상위가	평균변동액	매매가 대비 전세

✓ **신반포아파트 매매 실거래가**   출처: 호갱노노

짠테크보다 집테크

"저축을 조금 더 한 뒤에 투자할까요, 아니면 지금 있는 돈으로 작게라도 시작해볼까요?"

이런 질문을 받으면 현재 가용자금이 얼마인지, 1년 저축액이 얼마인지, 이 두 가지를 먼저 생각해보라고 한다. 이것에 따라 대답이 달라지기 때문이다. 가령 가용자금이 6,000만 원이라면 그 5배인 '실거주 가능한 3억 원' 아파트 투자가 가능하다. 3억 원 이하의 아파트는 디딤돌대출도 가능하기에 디딤돌대출이 가능한 연 소득 6,000만 원 이하의 투자자라면 3% 이하의 금리로 대출받을 수도 있다.

일반 아파트는 아파트 가격의 70%, 경매로 낙찰을 받으면 낙찰가의 80%까지 대출이 가능하다. 6,000만 원 있는 사람이 3억 원짜리 집을 사기 위해 2억4,000만 원까지, 3%의 금리로 대출받으면 월 60만 원의 이자를 내며 자기 집에서 살 수 있다. 보증금 6,000만 원에 월세 60만 원과 주거비 부담은 비슷하다. 서울에서 이 정도 가격으로는 원룸을 구하기도 어렵다. 우선, 출퇴근 시간이 2시간(왕복)이 넘지 않는 범위 내에서, 자신의 종잣돈에 맞는 가격이 어디인지 리스트를 뽑는다.

이렇게 뽑은 지역을 직접 가보거나 손품을 팔아 비전이 좋은 지역을 우선으로 순위를 매긴다. 지하철 개통이나 기피 시설 이전, 아파트 리모델링과 재건축 등이 대표적인 호재인데 이런 호재가 없어도 사람들이 살고 싶어 하는 인기 지역이 있다. 후보 아파트 리스트를 순위별로 뽑아, 사이트 등을 통해 상대적으로 저평가된 단지를 추린다. 후보 아파트가 마음에 들지 않거나 원리금이 부담스럽다면 조금 더 저축하며 준비하는 것도 좋다.

⊙ 월세와 이자

부동산 경기가 회복되기를 기다리겠다는 사람들은 이 한 가지를 먼저 생각해보기를 바란다. 부동산은 다른 투자와는 달리 '강제 참여 시장'이라는 특성이 있다. 주택 경기가 좋지 않아도 우리는 주택에서 살아야 한다. 부동산을 살 때 드는 원리금 상환액 중 이자와 주거비용을 비교해보자. 주거비가 원리금 상환액보다 많다면 그래도 타이밍을 보며 기다리는 것이 좋을까? 쉽게 말해, 월세가 이자보다 많아도 월세를 살면서 타이밍을 기다릴 거냐는 것이다.

"월세는 100만 원인데, 담보대출 이자가 83만 원이라면 당신은 어떻게 할 것인가?"

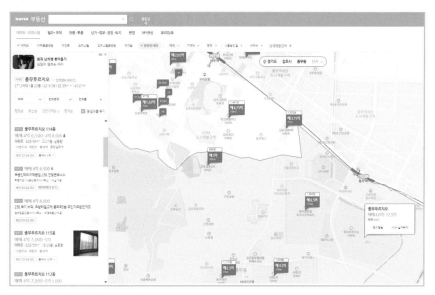

✅ 풍무푸르지오

출처: 네이버 부동산

매매가 4억6,000만 원의 풍무푸르지오는 김포도시철도 역세권 준신축 아파트다. 2016년 입주 59㎡ 방 3개, 화장실 2개, 2,712세대인 이 아파트 월세 시세는 보증금 5,000만 원에 100만 원이다. 인근에 '풍무 도시개발사업'이 예정돼 있어 인프라가 개선될 것이다. 이 풍무푸르지오를 80%의 대출로 산다면 '생애최초'인 경우 자본 9,200만 원 +

대출 3억6,800만 원, 디딤돌대출 이용 시 이자율은 연 2.4%~3%다.

이자 계산

출처: 네이버 원리금 계산기

① 보증금 5,000만 원에 월세 100만 원
② 원리금 150만 원 상환(원금 67만 원 + 디딤돌대출 이자 83만 원)

두 선택지를 놓고 고민하는 사람이 있다면 다시 한번 냉정하게 생각해볼 필요가 있다. 이자로만 따졌을 때 월세보다 저렴하므로 월세를 살면서 타이밍을 본다는 건 어리석은 짓이다. 의사결정을 할 때는 두루뭉술하게 하는 것이 아니라 직접 숫자를 넣어보고, 구체적인 상황 안에서 판단해야 한다. 이번에는 인플레이션이 극심한 상황에서 월세보다 전세가 불리한 이유를 알아보자.

짠테크보다 집테크

회차	납입원금	대출이자	월상환금	대출잔금
1	664,599	828,000	1,492,599	367,335,401
2	666,095	826,505	1,492,599	366,669,306
3	667,593	825,006	1,492,599	366,001,713
4	669,095	823,504	1,492,599	365,332,617
5	670,601	821,998	1,492,599	364,662,017
6	672,110	820,490	1,492,599	363,989,907
7	673,622	818,977	1,492,599	363,316,285
8	675,138	817,462	1,492,599	362,641,147
9	676,657	815,943	1,492,599	361,964,491
10	678,179	814,420	1,492,599	361,286,311
11	679,705	812,894	1,492,599	360,606,606
12	681,234	811,365	1,492,599	359,925,372
13	682,767	809,832	1,492,599	359,242,605
14	684,303	808,296	1,492,599	358,558,301
15	685,843	806,756	1,492,599	357,872,458
16	687,386	805,213	1,492,599	357,185,072

월별 상환금과 대출잔금 원리금균등상환

✅ **월별 상환금과 대출 잔금**

출처: 네이버 원리금 계산기

⊙ 전세가 임차인에게 불리한 이유

'저는 아직 준비가 덜 되어 준비될 때까지 전세에 살겠습니다'라고 이야기하는 사람도 있을 것이다. 전세는 맡겨둔 돈을 그대로 찾아온다는 착각을 불러일으키지만, 임대로 들어갈 때 맡기는 전세금과 나오면서 받아 나오는 돈은 그 가치가 다르다. 전세는 쉽게 말해 돈을 현금으로 보관하는 것이다. 다 아는 얘기지만 현금을 그대로 보관하면 그 교환 가치가 점점 낮아져 가만히 있어도 자산이 줄어들게 된다. 마치 내려가는 에스컬레이터에 가만히 서 있는 것처럼 말이다.

인플레이션 상황에서 가치가 오르지 않는 것을 가지고 있으면 상대적으로 가치가 떨어진다. 현금을 보유하면서 아무것도 하지 않으면 그 가치는 계속 떨어지고, 내려가는 에스컬레이터와 같은 속도로 걸어야(인플레이션 헷지) 그나마 같은 위치를 유지할 수 있다. 결국, 높은 곳에 오르고 싶으면 에스컬레이터의 속도(물가 상승률)보다 빠른 속도로 올라가야만 한다.

대출 없이 현금 5억 원짜리 전세를 들어간다고 가정해보자. 2년 후, 돈을 '그대로 찾았기 때문에 손해를 본 것이 없다'라고 생각할 수도 있지만 2년 동안 3.5%(현재 한국은행 기준금리)의 복리 이자를 받는다고 계산해보면 5억3,620만 원 정도가 된다. 반대로 얘기하면 다른 자산의 가치가 5억4,000만 원이 된다고 했을 때, 내 현금은 꼼짝없이 5억 원이기 때문에 자산이 4,000만 원가량 줄어든 것과 마찬가지다. 이를 미국의 기준금리로 계산하면 5억4,750만 원이 되어 2년이면 4,800만 원이라는 자산이 줄어든 것과 같아진다.

물론 물가 상승률(6%)로 계산하면 이보다 높다. 자신도 모르게 2년간 월세 200만 원을 꼬박꼬박 내고 있던 것이다. 토스뱅크에 현금을 넣으면 매일 이자가 쌓이는 것을 눈으로 볼 수 있다. 이는 현금이 그대로 있으면 매일 그만큼의 가치가 상대적으로 줄어들고 있음을 말해준다. 얼음이 점점 녹아 사라지는 것과 같은 이치다.

전액 현금으로 전세에 사는 경우, 물가 상승률만큼의 가치가 줄어든 것보다 더 큰 손해를 본다. 현금으로 할 수 있었던 많은 기회를 모두 주거비용으로 사용하기 때문이다. 현금 5억 원으로 누군가는 어마어마한 일을 할 수 있었을 것이기에 현금의 가치는 '얼마'라고 단정할 수 없다. 유튜브를 보면 적은 돈으로 큰 사업을 만들거나 투자를 해서 자산가가 된 사람들을 볼 수 있는데, 이런 기회를 몽땅 주거비로 사용한 것이다.

대출을 받아 전세를 살고 있다면 화폐 5억 원에 대한 가치 하락과 이자만큼의 현금 유출이 발생한다. 이런 경우, 높은 수준의 주거를 누려야 하므로 저축은커녕 점점 더 가난해지고 만다. 전세금의 현금 가치는 낮아졌는데, 2년 후 전세금을 증액할 가능성도 꽤 높다. 전세가 증액되면 우리는 더 많은 현금을 제자리에 묶어두어야 한다. 증액하지 않는다고 해도 4년 후에는 임차인이 처음 들어갔던 현금 5억 원 가치의 상당 부분을 잃고 나오게 된다. 필요하다면 전세로 거주할 수 있지만, 같은 액면가의 전세금을 그대로 돌려받는다고 해도 자산으로서의 가치가 줄어든 것 정도는 인식할 수 있어야 한다.

◉ **주거인플레이션**

부모님으로부터 독립한 사회초년생들은 임대로 집을 마련하는 경우가 대부분이며 보증금이 적다면 월세, 어느 정도 여유가 있다면 전세로도 갈 수 있을 것이다. 월세에 사는 사람들은 매달 내는 월세가 아깝고 부담스러워 전세를 목표로 삼고 살아가기도 한다. 요즘은 전세자금 대출이 80%까지 나오고, 담보대출과 달리 소득을 보지 않기에 종잣돈 6,000만 원 정도만 있으면 전세 3억 원짜리 집에서 살 수 있다. 월세보다 저렴한 이자를 내면서 살다 보면 전세가 오르기도 하고 더 넓은 집, 더 깨끗한 집으로 이사 가고 싶은 욕심도 생긴다. 이제 좀 살 만하면 전세금을 올려주어야 한다.

조금 더 아껴 종잣돈 1억 원을 모으게 되면 훨씬 더 좋은 환경에서 지낼 수 있게 된다. 전세 사이클에 한 번 들어가게 되면 큰 문제가 없는 이상 그 사이클에 머물고자 하는 게 사람의 본성이다. 그러나, 언제까지 세 들어 살 수는 없지 않은가?

서울에는 1억 원으로 살 수 있는 집이 없다. 결국 대출을 받아야 하는데 매매가 3억 원짜리 집으로 대출 70%를 받으면, 1억 원으로도 3억 원짜리 집을 충분히 살 수 있다. 그러나 매매가 3억 원짜리 집과 전세 3억 원짜리 집은 컨디션 자체가 다르다. 같은 돈이라면 매매보다 전세를 선택하게 되는 까닭이다. 종잣돈을 더 모아서 매매가 5억 원짜리 집과 전세 5억 원짜리 집을 놓고 본다고 해도, 전세 5억 원짜리 집이 마음에 들 확률이 더 높다는 것이다.

문제는 주거인플레이션이다. 대출을 받아 자신의 형편에 비해 좋은 집에 세 들어 산다고 가정해보자. 그렇다면 그 집에 맞는 가구와 그 집에 맞는 옷, 그 집에 맞는 자동차나 여유 같은 요소들의 균형 또한 어느 정도는 맞춰야 한다. 서울 34평 아파트에 5억 원의 전세금을 주고 살면서 자가로 사는 사람들과 동등하게 산다면 주거인플레이션을 피해 갈 수는 없을 것이다. 자신에게 맞지 않는 상위 라이프스타일을 흉내 내는 데에는 한계가 있다. 자신의 경제적 수준은 '대출 없이 살 수 있는 집', 혹은 '감당하는 데 전혀 문제가 없는 대출로 살 수 있는 집' 정도로 헤아려볼 수 있다.

자신의 현재 능력으로 살 수 있는 집이 경기도 외곽의 오래된 아파트뿐이라면, 위기감을 얼른 감지하고 지출을 줄이거나 부동산 공부를 열심히 해야 한다. 그래야 하루라도 빨리 이 '개미지옥' 구간을 벗어날 수 있다. 내가 생각하는 개미지옥 구간은 0원에서 1억 원 사이다. 이 구간이 가장 힘들고 어려운 시기이기 때문이다. 1억 원의 자산을 얼마나 빨리 만들어내느냐에 따라 경제적 자유를 누리는 시기가 결정된다.

6,000만 원의 종잣돈으로 투자지역을 선정할 때는 종잣돈에 맞는 지역인지, 임장을 통해 시세 조사를 확실하게 했는지, 상대적으로 저평가된 아파트가 있는지 등을 확인하는 게 가장 중요하다. 즉, 부동산은 비교의 학문이다. 상대적으로 싸게 샀다면, 혹은 살 수 있다면 시장의 상황과는 별개로 수익이 보장된다.

종잣돈 1억 원을 가진 사람이 갈 수 있는 지역 중 하나인 김포 장기역 인근 아파트다. 김포 도시철도를 이용해 마곡으로 출퇴근하기

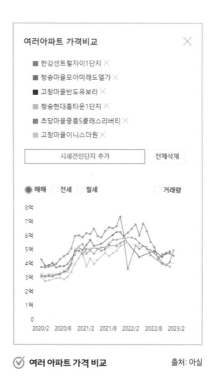

여러아파트 가격비교 ✕

■ 한강센트럴자이1단지 ✕
■ 청송마을모아미래도엘가 ✕
■ 고창마을반도유보라 ✕
■ 청송현대홈타운1단지 ✕
■ 초당마을중흥S클래스리버티 ✕
■ 고창마을이니스더원 ✕

시세견인단지 추가   전체삭제

◉ 매매 ○ 전세 ○ 월세   ☐ 거래량

✅ **여러 아파트 가격 비교**   출처: 아실

에 좋다. 이 표는 '아실(아파트 실거래가)' 사이트에서 여러 단지 비교로 과거 시세를 표시한 것이다. 시세가 좋을 때는 한강센트럴자이가 가장 높은 시세를 형성했으나, 시세가 하락하니 단지 간의 가격 차이가 미미하고 오히려 더 낮아졌다는 걸 확인할 수 있다. 다른 변수가 없다는 가정하에 같은 가격이라면 과거에 높은 시세를 가졌던 한강센트럴자이를 사는 것이 유리하다. 이렇듯 구체적인 지역과 단지를 추려 상대적 시세를 비교하는 것이 가장 현실적인 방법이라 할 수 있다.

돈을 조금 더 모아서 살 계획이라면, 1년 저축액이 얼마인지 먼저 따져보아야 한다. KB 월간 시계열 자료를 보면 서울 아파트 중위가격이 10억 원, 수도권은 6억 원, 경기도는 5억 원 선임을 확인할 수 있는데, 중간 정도의 아파트값이 물가 상승률로 오른다고 생각해보면(최근 부동산 상승률은 물가 상승률을 크게 웃돌았다) KOSIS(통계청, 소비자물가조사)에서 전년 대비 5.2% 올랐다. 물가 상승률만큼 오른다면 10억 원짜리 물건은 10억5,200만 원이 되고, 6억 원짜리 물건은 6억3,120만 원, 5억 원짜리 물건은 5억2,600만 원이 된다. 매년 복리로 계속 오르기 때문에 이듬해에는 10억5,200만 원에서 물가 상승률만큼 계속 오른다는 예측이 가능하다.

자신이 모으는 돈이 아파트의 물가 상승률을 웃도는 금액이라면 그걸 모아서 투자할 수도 있지만, 그 이하라면 저축의 속도로 집값 오르는 속도를 따라잡기가 어렵다. 내가 1,000만 원 모을 때 집값이 2,600만 원씩 매년 뛰는데 그걸 무슨 수로 따라잡겠냐는 것이다. '얼마를 버는가'보다 중요한 것은 '얼마나 저축하는가'이다. 그래서 어느 정도의 종잣돈이 준비되면 '저축'과 '투자'를 '함께'하는 것이 바람직하다.

이 아파트는 충남 천안에서 '갭 1,000만 원 이하'로 필터링했을 때 나오는 4,000세대 규모의 아파트다. 매매가가 7,300만 원도 있는데 전세가 8,000만 원이다. 그렇다면 7,300만 원에 사서 8,000만 원에 전세를 놓으면, 전세가 들어오면서 오히려 700만 원이 생기는 형세가 된다. 이런 투자를 '무피 투자'라고 하는데 전세가 절대 떨어지면 안 된다는

초원그린타운

계약	일	경과	체결가격		타입	거래 동층	
23.02	08	②	매매	7,400	39	109동	9층
	06	④	월세	500/40	39	108동	6층
	04	③	매매	8,000	39	105동	14층
	04	④	전세	7,500	39	102동	10층
	04	④	매매	7,300	39	109동	15층
	02	⑦	월세	500/44	39	104동	6층
	01	⑧	매매	7,400	39	107동	1층
23.01	31	⑨	매매	6,800	39	110동	9층
	30	②	월세	500/40	39	109동	9층
	28	⑦	매매	7,250	39	115동	6층

☑ 갭 1,000만 원 이하의 예시　　　　　　　출처: 아실

전제하에 하는 투자이므로 가장 공격적이면서도 위험한 투자법이라고 볼 수 있다.

　물론 이런 투자법은 전세가와 매매 시세에 밝고, 또 자신이 있어야 할 수 있는 방법이다. 실행력과 전투력이 높은 사람이 가능한 투자인 것이다. 내가 전투력이 없는데 무피 갭투자를 하면 때에 따라 후회할 확률이 높다. 여러분은 돈이 없어서 투자를 못 하는 게 아니라 준비되어 있지 않아서 못 하는 것이기에 '돈이 없어도 투자는 할 수 있다'라는 마인드를 갖고 공부하는 것이 좋다. 당장 할 수 있는 게 없다는 생각이 들면, 공부 또한 지루하고 재미가 없을 테니 말이다.

Part 2

아는 만큼 보이고, 보이는 만큼 번다

내 집 마련의 차원으로 아파트를 사는 것과 재테크의 차원으로 아파트를 사는 것은 선택의 기준부터가 다르다. 투자로서의 성격이 강하다면 집테크라 볼 수 있는데, 그렇다고 모두가 집으로 재테크를 하는 건 아니다. 내가 만족하는 '내 집'이라고 느낀다면 오르락내리락하는 시세에 상관없이 성공적인 투자라고 할 수 있다. 만약 내 집이 자산의 역할을 해야 한다면, 선택의 기준도 철저히 투자의 기준으로 바뀌어야 한다.

　아파트 투자는 우리의 주식인 '쌀'처럼 투자의 기본임과 동시에 가장 중요한 투자다. 인구가 줄어드는데 낡고 오래된 아파트가 투자가치가 있을까? 일본과 마찬가지로 우리나라도 빈집들은 주로 외곽에 분포되어 있다. '지방 소멸 시대'를 맞아 젊은 사람들이 더는 시골에 살지 않고(않으려 하고), 학생이 부족해 멀쩡한 학교가 폐교되기도 한다. 우리는 인구가 줄어도 수요가 있는 '대도시'에 투자할 것이니, 적어도 이런 고민은 피해 갈 수 있다.

곳곳에 짓고 있는 대단지 아파트를 보면서 '분양도 안 되는 아파트를 왜 자꾸 짓지?'라는 생각을 한 번쯤 해봤을 것이다. 설명에 필요한 예를 한 번 들어보겠다. 서울대 정원이 100명, 서울의 타 대학 정원이 100명, 지방대 정원이 100명이라고 했을 때, 300명이던 수험생이 210명으로 줄어든다고 해서 서울대에 70명, 서울 타 대학에 70명, 지방대에 70명이 입학할까? 모르긴 몰라도 서울대에 100명, 서울 타 대학에 100명, 지방대에 10명이 입학할 것이다. 수험생이 줄어든다고 해서 모든 대학의 입학생이 같은 비율로 줄어들지는 않는다는 얘기다. 수험생이 반으로 줄어든다고 해도, 공부를 열심히 하지 않은 수험생이 서울대에 입학하는 건 여전히 어려울 것이다.

이것을 부동산에 똑같이 적용해보자. 신축 아파트 100채, 오래된 아파트 100채, 판잣집 100채가 있다고 했을 때, 300명이던 인구가 210명으로 준다고 해서 모든 집의 공실이 똑같이 '30'이 되는 것은 아니다. 사람의 피부가 14일을 주기로 재생되듯이, 낡은 아파트 역시 계속 재생되어야 한다. 물론, 일자리를 빼놓을 수는 없다. 인구가 줄어들면 일자리가 부족해지고, 부동산의 수요 또한 줄어들기 때문이다. 그러나 아무리 인구가 줄어든다고 해도 압구정 현대아파트의 집값이 저렴해지는 일은 없을 것이다. 이로써 우리는 본질을 명확하게 꿰뚫어 볼 필요가 있다.

부동산 투자 '절대 원칙 3가지'를 좀 더 세부적으로 분석해보자.

원칙 1: 모두가 원하는 아파트를 사라

투자 목적으로 아파트를 산다면, 값이 오르는 걸 염두에 두고 사는 것이다. 거주의 목적이라고 해도 팔았을 때의 '가격 방어'와 자산으로서의 가치가 올라갈 것을 기대하는 건 당연한 일이다. 우리는 수요와 공급의 법칙에 따라 '공급보다 수요가 많은 곳의 가치가 오른다'라는 것을 기억해야 한다. 다시 말해, 팔려고 올려놓으면 그게 언제 어느 때이든 살 사람이 나오는 곳이어야 한다는 얘기다.

원칙 2: 아파트를 산다는 것은 그 동네를 사는 것이다

간혹 집을 보러 갔다가 세련된 인테리어나 싱크대, 새 아파트의 외관에 끌려 덜컥 매입하기도 한다. 그러나 아파트는 아파트 자체만을 사는 것이 아니라, 그 동네를 사는 것임을 알아야 한다. 이는 초보자들이 가장 많이 저지르는 실수이기도 하다. 동네를 먼저 결정한 이후에 여러 조건을 따져도 결코 늦지 않다. 그만큼 신중해야 한다는 것이다.

원칙 3: 평균 이상의 집을 사라

어떤 아파트는 전세가에서 1,000만 원만 더 보태면 매입할 수 있지만, 막상 가격이 잘 오르지 않는다는 것을 알 수 있다. 전세가 2억 원이고, 매매가가 2억 1,000만 원이면 1,000만 원만 더 보태서 사도 괜찮을 것 같은데 사지 않는 이유가 무엇일까? 답은 빤하다. 굳이 사고 싶지는 않은 동네라는 것이다. 다른 자산과 마찬가지로 아파트 역시 가격이 오르고 내리고를 반복한다. 그러나 평균 이상의 아파트는 적게 내리고 많이 오르는 특성이 있으며, 회복 속도 역시 빠르다. 좋은 아파트일수록 투자 성공률이 높다는 것을 기억하자.

서울과 지방은 아파트 선택 기준이 조금 다를 수도 있다. 누구나 알고 있듯 서울은 인프라가 좋은 대도시다. 출퇴근 시간에는 차가 많이 밀리고, 비교적 장거리 통근자가 많다. 대중교통은 집을 고를 때 특히 신경 쓰는 부분 중 하나이며, 그 가운데서도 정시성이 보장되는 지하철을 많이 선호하는 편이다. 지하철은 3대 업무지구인 강남, 여의도, 광화문을 지나는 노선이 좋으며 2호선, 3호선, 9호선 역시 많은 이들이 선호하는 노선이다. 직주근접 지역도 인기가 많은데 특히 판교 같은 경우, 일자리와 주거가 조화로운 자족도시로 손꼽힌다.

지방은 차로 30분이면 어지간해서는 다 이동할 수 있다. 지하철이 일자리 노선이 아니어서 도로를 더 중요시하는 지역도 있다. 주거환경이 좋지 않다면 교육이나 학군에 투자하는 것도 하나의 방법이다.

잘 모르는 도시에 대해 알고 싶다면, 그곳에서 가장 비싼 곳을 찾아가 보면 된다. 주거의 가치가 곧 가격으로 형성되기 때문이다. 아래의 질문을 예로 조금 더 깊이 파고들어 보자.

"저는 1주택자인데요, 추가 투자를 어떻게 하면 될까요?"

거주가 목적이라면 1주택으로도 충분하지만, 자산의 증식으로 본다면 1주택으로는 조금 아쉬운 것이 사실이다. 1주택은 자산의 가장 기본이 되는 것이고 다른 자산이 오를 때 함께 올라 준다면 부동산과 '맞벌이'를 할 수 있다. 1주택의 가격이 오른다고 해도 삶이 전보다 풍요로워진다거나 부자가 된다는 느낌을 받는 건 어렵다.

'부'를 체감하려면 집값이 올라 더 넓은 집이나 더 좋은 집으로 이사 갈 수 있어야 한다. 자신이 살고 있는 1주택의 값이 오르면 다른 집의 값도 오른 것이기에 더 좋은 집으로 이사 가는 것은 사실상 불가능하다. 내가 가고 싶어 하는 집이 더 좋은 지역의 상급지라면, 우리 집의 상승분보다 오히려 더 올랐을 확률이 높다는 것이다.

이 그래프는 '아실'에서 [여러 단지 비교] 기능을 이용해 강남구와 마포구, 구로구 아파트의 평균을 비교해본 것이다. 구로구 아파트에 살고 있다면, 내 집이 조금 오를 때 이보다 상급지인 마포와 강남은 더 급격하게 올랐다는 것을 확인할 수 있다. 내 집 1채가 오른 상승분으로는 더 좋은 집으로의 이사가 어렵다는 것을 명확하게 말해준다. 이

짠테크보다 집테크

■ 강남구 ✕
■ 마포구 ✕
■ 구로구 ✕

| 시세견인단지 추가 | 전체삭제 |

◉ 매매   ○ 전세   ○ 월세   □ 거래량

28억
24억
20억
16억
12억
8억
4억
0

2006/1 2008/8 2011/3 2013/10 2016/5 2018/12 2021/7

✔ 여러 단지 비교하기   출처: 아실

때 집으로 자산을 늘리고 싶은 사람들은 평균 상승률보다 더 많이 오르는 집을 선택하든지, 내 집의 수를 늘리게 된다.

상가나 토지, 지식산업센터 등 주택이 아닌 것에 투자하는 방법도 있다. 하지만 이 분야로 넘어오면 많은 사람이 난색을 표한다. 주택 외에는 잘 모르기 때문이다. 결국 큰 부자는 아파트와 토지, 건물을 함께 소유하기에 부자가 되려면 반드시 다른 분야의 공부를 병행해야 한다. 실제로 내가 아는 건물주들은 사업이 크게 잘 되었거나, 아파트 갭투자로 시작해서 건물을 산 경우가 많다.

우리가 말하는 부동산 부자는 빌딩이 있고, 월세가 많이 나오는 상가를 소유한 사람이다. 일정 자산 이상이 되면 주택으로만 가지고 있기에는 관리나 세금의 측면에서 무리가 되기 때문에, 꼭 한 번은 가야 하는 목적지라 생각하고 공부해두면 좋다. 꿈을 실현한 그 어떤 누구도, 그것을 하루아침에 얻은 성공이라 말할 수는 없을 것이다. 집테크는 평균 이상의 집으로 비과세와 일반과세를 받으며 때로는 주택 수 줄이고 늘리기를 반복하면서 점점 핵심지로 들어오는 것이다.

집값이 떨어질까 봐 시작을 못 하는 사람, 지출관리가 안 돼서 저축을 못 하는 사람, 소득이 불안정한 사람, 한집에 오래 살면서 집에 대한 애착이 지나치게 많은 사람 등은 집테크를 하기 어렵다. 틈만 나면 가파르게 오르는 지역으로 들어와야 한다. 시장이 온탕과 냉탕을 오가는 중에도 원하는 목표까지 집중해 나아가는 사람은 반드시 성공한다. 집테크의 절대 원칙을 기억하자.

02 | 내 아파트에 실거주하면서 돈 벌 수 있을까?: 실거주 가치투자 장단점

아파트는 보유하는 방법은 실거주하는 경우, 실거주하지 않는 경우, 이렇게 크게 두 가지로 나눌 수 있다. 실거주를 한다면 살면서 자연스럽게 투자할 수 있다는 장점이 있지만, 종잣돈이 부족하거나 이사하기 힘든 경우, 또 원리금 납부가 부담스러운 경우에는 어려울 수 있다. 무엇인가를 결정할 때는 모든 가능성을 열어놓고 실제로 가능한 일인지 팩트 체크부터 해야 한다.

가령 '내가 들어가서 산다면 얼마짜리 집에, 얼마의 원리금을 내며 살 것인가?', '삶의 질을 떨어뜨리지 않는 선에서 최대의 집을 구하는 게 가능한가?' 등으로 말이다. 한 달에 얼마를 벌고 얼마를 쓰는지가 정확하게 파악되어야 한다. 삶의 질은 쾌적한 주거환경으로도 따질 수 있지만, 심리적인 영향도 적지 않다. 불안정한 소득을 가진 사람이라면 원리금 부담금액을 되도록 여유 있게 책정하는 것을 추천한다.

우선, 한 달 생활비가 얼마인지, 그리고 소득에서 생활비를 제외하고 얼마를 저축할 수 있는지 계산해보고 만약 100만 원 정도를 저축할 수 있다면 50만 원 정도는 원리금으로 빠져나간다고 생각해도 괜찮다. 이자가 오르거나 소득이 줄어들더라도, 혹은 생각지도 못한 지출이 생기더라도 대응이 가능한 수준이기 때문이다. 부담할 수 있는 한도를 꽉 채우는 것은 우리가 흔히 말하는 '영끌'과 다름없다. 어떠한 경우라도 여윳돈을 원리금에 몽땅 써버리면 안 된다. 바람 앞의 등불처럼 약간의 흔들림에도 삶이 위태로워질 수 있기 때문이다. 소득이 불규칙한 경우 역시 주의가 필요하다.

소득이 안정적인 사람은 계획 세우기가 훨씬 수월하다. 물론, 이 경우에도 한 달 소비금액과 수입 등은 파악해야 한다. 소득의 많고 적음과는 별개로 소득보다 지출이 많으면 가난해지는 건 시간문제다. 안정적인 소득으로 한 달에 100만 원을 저축하던 사람이면 70만 원~80만 원 정도의 원리금 납부는 충분히 가능하다. 가처분소득(소득-지출)의 75%까지가 원리금 부담 마지노선이라고 생각한다. 안정적이고 소득이 올라가는 구간에 있는 사람이라면 실거주 투자를 놓쳐서는 안 된다.

짠테크보다 집테크

다른 기준으로는 원리금 상환액이 전체 소득의 25%~50% 이하여야 한다. 월급이 400만 원인 사람은 원리금으로 100만 원~200만 원이 적당하다는 것이다. 일반적인 자산관리 가이드이기 때문에 이런 기준이 있다는 것을 참고해보면 좋다. 여윳돈은 삶의 다양한 충격으로부터 우리를 보호하고 심리적인 안정감을 준다. 또한 어느 정도 쌓이면 다른 기회를 불러올 수도 있다.

간혹 이자를 적게 내려는 목적으로, 혹은 빚을 빠르게 갚고 싶은 마음으로 상환기간을 짧게 두고 납입금액을 높이는 경우가 있는데, 이것은 좋은 방법이 아니다. 당연한 얘기지만, 대출을 좋아하는 사람이 어디 있겠는가. 매월 잉여자금 100만 원인 사람이 100만 원을 다 써서 빠르게 빚을 갚는 것보다 상환기간이 좀 길어지더라도 70만 원 이하로 납부하는 게 바람직하다.

실거주 투자의 방법도 좀 더 세부적으로 다뤄보자. 우선 자신이 접근할 수 있는 금액대를 계산한다. 현재(2023년)를 기준으로 담보대출의 최고한도는 80%(생애최초)며, 종잣돈의 5배인 집까지 접근 가능하다. 6,000만 원을 가진 직장인이라면 담보대출 80%를 실행할 경우 3억 원 정도의 주택까지 가능하다. 이후 매매가에서 대출받는 금액의 원리금이 얼마인지를 계산한다.

3억 원의 80%, 그러니까 2억4,000만 원을 3%의 금리(디딤돌대출)로 대출받았다면 연간 720만 원의 이자를 납부하게 된다. 한 달로 치면

60만 원이다. 현재는 원금도 갚도록 하고 있는데, 원금 상환기간에 따라 원리금 부담도 달라진다. 이러한 계산이 어느 정도 머릿속에 들어왔다면 입지의 4가지 요소인 교통, 교육, 상권, 환경을 고려해 평균 이상의 집을 고른다.

지하철 호재는 가장 좋은 호재 중 하나인데 착공, 그러니까 공사가 시작된 노선만 보아야 한다. 미래가 아닌 현재 실거주하면서 투자할 것이기 때문이다. 착공한 노선은 '아실' 사이트에서 교통망 착공이나 준공 예정 조건으로 검색해 확인할 수 있다. 아파트가 오래되었다면 리모델링이나 재건축 이슈가 있는 집에 들어갈 수도 있는데, 리모델링이나 재건축은 아파트가 너무 낡아서 생활하는 데 불편함이 있다. 현재의 생활에 불편함을 감수하고 미래의 달콤한 열매를 기다리는 것을 이른바 '몸테크'라 한다. 대가를 몸으로 치른다는 것인데 가정이 있는 경우 가족 구성원들의 동의를 먼저 얻는 것이 좋다. 나와 내 가족의 입장이 반드시 같다는 보장은 없다.

학령기의 자녀가 있다면 학교도 고려해야 한다. 자녀가 없거나, 아직 취학 전이거나, 성인일 경우에는 별 상관이 없지만 초중고에 재학 중이라면 이사가 어려워질 수도 있다. 이사 후의 환경이 더 좋다면 특별히 문제될 게 없지만, 그게 아니라면 전학을 감수하면서까지 이사할 필요성이 없다는 것이다. 전학 후 아이가 제대로 적응을 못 하면 문제는 더 커질 수 있다.

짠테크보다 집테크

⊙ 실거주 가치투자 장단점

실거주 투자의 장점은 말 그대로 '거주하면서 투자할 수 있다는 것'이다. 우리는 어딘가에서는 살아야 하며, 살아 있는 한 전세든 월세든 내 집이든 주택이라는 시장에서 벗어날 수 없다. 실거주 투자를 하지 않는다면 주거에 적지 않은 비용이 들어간다. 5억 원짜리 아파트가 있다고 하자. 이 집에 거주하려면 5억 원이 필요한데 내 돈 1억 원에 대출 4억 원(이자 4.5%)으로 거주한다면 연간 1,800만 원의 이자를 내야 한다. 이 집의 월세는 보증금 3,000만 원에 월세 150만 원. 월세로 거주하더라도 연간 1,800만 원을 내야 한다.

실거주: 종잣돈 1억 원 + 연간 이자 1,800만 원

월세 거주: 종잣돈 3,000만 원 + 연간 월세 1,800만 원

1억 원의 종잣돈을 가진 사람이 실거주할 경우, 살면서 투자할 수 있다. 이 아파트에서 사는 동안에는 어떤 돈도 들어오지 않지만 대신 2년 동안 거주를 하면 인플레이션만큼의 가치가 오른다고 가정해보자. 5,000만 원이 오른다고 했을 때(현재 물가 5% 상승) 매매가는 5억5,000만 원이고 되고 순자산은 1억5,000만 원이 된다. 5,000만 원의 상승은 평균 물가가 1년에 5% 정도 올랐다는 얘긴데, 이는 지극히 보수적으로 잡은 상승률이며, 실제로 몇 년간 부동산은 30% 정도 상승했다. 2년 동안의 이자(3,600만 원)를 제외하더라도 자산은 늘어나게 되어 있다. 다르게 생각하면 집이 이자를 대신 내준 것처럼 보이기도 한다. 부동

산이 '물가 정도만' 올랐다고 가정해도 1,400만 원이라는 자산이 늘어나는 셈이다.

1억 원의 종잣돈으로 월세를 낼 경우(보증금 3,000만 원에 연간 1,800만 원의 월세), 나머지 7,000만 원으로 다른 방식의 투자를 해 2년 치 월세인 3,600만 원에 1,400만 원을 더 벌어야 실거주자의 수익과 같아질 수 있다. 다시 말해 7,000만 원을 2년 동안 굴려 5,000만 원의 수익을 내야 한다는 것이다. 이것과 같은 수익을 내거나, 이보다 적은 수익을 낸다면 이 투자는 성공했다고 보기 어렵다. 실거주 투자한 사람은 자기 집에서 산다는 심리적 안정감을 추가로 누리기 때문이다. 이는 금액으로 환산할 수 없을 만큼 정서적으로 큰 평온함을 준다. 내 집을 가져본 적 없는 사람들은 '나는 전세, 월세로 살아도 편하다'라고 말할 수 있겠지만, 내 집에서 살아보면 그게 아니라는 걸 금방 깨닫게 될 것이다.

실거주 투자는 세금의 측면에서도 유리하다. 모든 수익에는 세금이 있지만 1가구 1주택 양도세 비과세에는 세금이 없다. 양도세 비과세는 1억 원에 산 부동산을 2억 원에 팔았을 때 생기는 차액에 대한 세금이다. 1억 원을 벌었는데 세금을 안 낸다면 이보다 좋은 투자가 또 어디 있겠냐는 것이다. 참고로 종합소득세 계산기로 두드려 보면 근로소득 1억 원의 세금이 1,950만 원이라는 것을 알 수 있다. 2억 원이 되면 세금이 5,600만 원으로 급격히 불어난다. 양도세 비과세 혜택을 받으면 이런 세금이 전혀 없다는 것을 알아두자.

총소득 합계		총비용 합계 (-)		종합소득금액
100,000,000		0		100,000,000
종합소득금액		종합소득공제 (-)		과세표준
100,000,000		1,500,000		98,500,000
과세표준	세율(6%~45%) (*)		누진공제(-)	산출세액
98,500,000	35%		14,900,000	19,575,000
산출세액		세액공제 (-)		결정세액
19,575,000		70,000		19,505,000
결정세액	가산세 (+)	기납부세액 (-)	기납부세액 (-)	차감납부세액
19,505,000	0	0	0	19,505,000

✅ **세액 계산**   출처: 양도세 계산기

우리는 얼마 안 되는 예금이자를 받으려고 높은 금리를 찾아 멀리까지 가서 줄 서고, 가입하고, 조건에 맞는 통장을 꾸역꾸역 만들기도 한다. 분명한 건, 이자소득과 부동산 양도차익은 애초에 비교조차 안 된다. 적게는 수천만 원에서, 많게는 수억 원까지 단 1원의 세금도 내지 않기 때문이다. 실거주 비과세 투자가 중요한 가장 큰 이유다.

내가 만나본 사람들은 대부분 조급했다. '언제 팔아서, 언제 수익 올리나' 하며 거주하는 그 2년 동안 몸서리를 치는 것이다. 부동산에 대한 지식이 있고, 판단력이 좋은 사람이라면 사고파는 빈도가 잦아도 크게 상관이 없지만, 그렇지 않은 사람들은 조급함 때문에 사고파는 시기를 제대로 선택하지 못할 때가 많다. 결국, 경험이 없고 조급한 마음을 잘 다스리지 못하면 투자의 결과도 나빠지기 마련이다.

실거주 투자는 '지역 선택의 제한'이라는 단점을 가진다. 종잣돈에 맞춰 고르다 보니 긴 출퇴근 시간과 자녀 교육 등의 문제로 이사가 어려울 수 있다. 더구나 그곳이 낯선 곳이라면, 심리적 불안감이나 불편함을 감수해야만 한다. 이런 단점들은 투자의 적극성을 떨어뜨린다. 실거주 투자는 핵심지로 들어올 때 그 의미가 있다. 거주지의 변경, 즉 잦은 이사를 힘들어하는 사람에게는 이 실거주 투자가 그리 매력적이지 않을 것이다.

또 하나의 큰 단점은 원리금을 내며 거주해야 한다는 것인데, 소득이 불안정한 경우 그 부담감이 배로 커진다. 거주하는 동안은 현금이 들어오지 않기 때문이다. 실거주 투자가 가장 어려운 시기는 자신이 산 가격보다 아파트값이 떨어지고, 심지어 팔리지도 않으며 소득마저 줄어들 때다. 2021년도 말쯤 실거주 투자를 한 사람 중 이러한 사람들이 특히 많을 것이다. 위기를 잘 버티면 좋은 결과를 보기도 하지만, 부동산이 어려울 때 자신의 상황마저 힘들어지면, 그 상황에서 묵묵히 버틸 수 있는 사람은 그리 많지 않다.

실거주 투자 체크 리스트

- 소득
- 가처분소득
- 원리금 부담 가능 한도

- 대출 한도
- 비교 지역 리스트
- 후보 아파트 리스트
- 출퇴근 시간
- 미래 가치

그래서 실거주 투자의 경우 소득의 안정성을 충분히 고려한 후 결정하도록 가이드를 해주고 있다. 거품이 끼었던 부동산 가격이 2020년도 가격으로 돌아오면서 충분히 싸게 산다면 당분간은 이런 일은 없을 거라 판단된다. 실제로 내가 아는 평범한 사람 중 이 방법으로 부자가 된 사람들이 많다. 어떤 기업의 주식이 좋은지 판단하는 것보다는 자신이 사려고 하는 아파트의 좋고 나쁨을 판단하는 게 일반인으로서는 훨씬 쉽기 때문이다. 특별한 능력이 필요한 것도 아니고 말이다.

"서울에서 직장을 다니는 1인 가구인데요. 저는 어디에 살아야 할까요?"

점심 먹는 자리에서 누군가 내게 이런 질문을 했다. 아무런 지식도 정보도 없이 이렇게 물어오면, '강남에 사세요.'라는 말밖에 나는 할 수가 없다. 처음에는 답답하지만, 나중에는 '내가 이렇게 답답한데

저걸 물어보는 사람은 오죽할까'라는 생각이 들기도 한다.

공무원인 36세의 이 여성 수강생은 그리 적지 않은 나이임에도, 거주지를 결정할 만큼의 부동산 지식이 없었다. 중고등학교 시절을 생각해보자. 30대 중반쯤 되면 뭔가 되게 어른 같고 모르는 게 없을 것처럼 느껴지지만 내가 실제로 만나본 성인들은 40대, 아니 50대가 되어서도 부동산 지식이 없는 경우가 많았다. 결국 이 부동산이라는 것은 시간이 지남에 따라 저절로 습득하게 되는 지식이 아니라는 것이다.

남에게 '그래서, 돈은 얼마 있으세요?', '한 달에 얼마나 버시는데요?' 같은 질문은 쉽게 할 수 없다. 그러므로 자신이 가진 돈으로 서울에 투자를 할 수 있는지부터 확인해야 한다. 36세의 공무원이고, 1인 가구니까 모아놓은 종잣돈이 그리 많지는 않을 거라고 우선 가정해보자. 종잣돈의 80%까지가 실거주할 수 있는 마지노선이다(앞에서 나온 예시에 종잣돈 6,000만 원에 3억 원짜리 집이 있었다).

만약 종잣돈이 이보다 적고 저축도 1년에 1,000만 원 미만으로 하고 있다면, 힘들겠지만 절약을 조금 더 해야 할 것이다(이분은 현재 월세 60만 원을 내고 거주 중이라 했고, 나는 월세보다 적은 이자를 낼 수 있는 디딤돌대출을 추천했다). 매매가 3억 원 이하, 18평 이상의 집을 호갱노노 필터 기능에서 찾아보자. 가령 3억 원대를 찾는다면 그 이하는 볼 필요가 없으므로 2억 원~3억 원 사이만 보고, 세대수가 너무 적거나 평수가 너무 작은

✓ **필터링한 아파트 예시**　　　　출처: 호갱노노

것(15평 이하)은 필터를 이용해 거른다. 또 매매가와 전세가가 너무 붙어 있는 단지는 내재가치가 적은 단지라 좋지 않다.

　호갱노노 어플에서 18평 이상 / 3억 미만 / 500세대 이상인 단지를 필터링하면 해당 단지만 표시된다. 실거래 위주이므로 현재 거래 가능한 매물이 있는지는 별도로 확인해야 한다. 종잣돈의 크기에 따라 투자 물건을 정리하는 것을 시세 그루핑이라고 한다. 지역마다 가격밴드가 존재하는데 이 밴드 중에서 원래의 가치보다 가격이 좋은 것을 고르는 것이 핵심이다. 기축 아파트가 잘 그루핑 되면 분양권이나 갭투자, 재개발까지 선택의 폭을 넓혀볼 수 있다.

짠테크보다 집테크

03 | 대출, 지렛대로 이용하는 꿀팁:
LTV, DSR, DTI 완벽 정리

　나는 30대 중반에 전세자금 대출로 생전 처음 은행에서 돈을 빌렸다. 이자를 제때 못 낼까 봐 밤마다 잠도 제대로 못 자고 두려움에 떨었던 기억이 있는데, 레버리지라고 하는 이 대출은 '지렛대'의 의미를 갖고 있다. 몇백만 원의 월급으로 몇억 원의 대출을 언제 갚나 하는 생각이 들겠지만, 사실 대출은 내가 일해서 그 월급으로 갚는 게 아니다. 집을 팔면 하루 만에도 대출이 없어지기 때문이다. 내 월급으로는 이자를 잘 갚고, 그 상태만 잘 유지하면 된다.

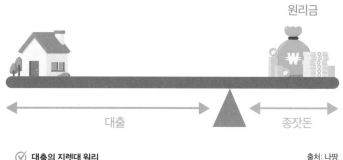

원리금

대출 ◀──────▶ △ ◀────▶ 종잣돈

✅ **대출의 지렛대 원리**   출처: 나땅

내 돈으로는 들어올릴 수 없는 집을 은행 대출을 지렛대 삼아 들어올리는 것이다. 레버리지의 비율이 높아지면 원리금의 부담도 그만큼 늘어난다. 레버리지는 수익도 레버리지로 오고 손실도 레버리지로 오는데, 그렇기 때문에 레버리지를 흔히 '양날의 검'에 비유하곤 한다. 잘 사용하기만 하면 전략적인 공격을 할 수 있지만, 잘못 사용하면 오히려 자신이 찔릴 수 있기 때문이다. 한 가지 분명한 건, 부동산 투자를 하면서 대출을 끼지 않고 하는 사람은 단 한 명도 없다는 것이다. 대출을 좀 더 명확히 이해하기 위해 대출용어를 잠깐 소개한다.

1) LTV(Loan To Value ratio): 주택을 담보로 돈을 빌릴 때 인정되는 자산가치의 비율, 즉 '담보대출 비율'을 말한다. 쉽게 말해, '집의 가치를 100이라고 했을 때 얼마까지 빌려줄 것인가'이다. 현재 생애최초 무주택자의 경우 LTV는 80%다(일반 무주택자는 70%). 1억 원짜리 주택을 8,000만 원까지 빌려주겠다는 것이다. 2,000만 원이 있으면 8,000만 원의 대출을 받아 1억 원짜리 집을 얻을 수 있다.

2) DSR(Debt Service Ratio): 개인이 갚아야 할 모든 원금과 이자를 더한 값을 연간 소득으로 나눈 비율, 즉 '총부채원리금상환비율'을 뜻한다. 주택담보대출, 신용대출을 비롯한 모든 대출의 원리금 상환 부담을 감안해 계산하기 때문에 총부채상환비율(DTI)을 적용할 때보다 대출 한도가 줄어든다. 현재 주택담보대출의 DSR은 40%다. 1억 원을 버는 사람은 총부채의 대출 원금과 이자 상환으로 4,000만 원 이상 사용하지 말라는 뜻이다.

소득 기준이 빡빡한 대출이기 때문에 집을 사기가 어려웠고, 현재 (2023년 3월) 특례보금자리 대출은 매매가격 9억 원 이하일 때 DTI 60%를 보기 때문에 9억 원 이하의 집을 살 계획이라면 DSR보다 DTI를 보는 대출이 한도가 더 많이 나온다.

DSR = (해당 주택담보대출 연간 원리금 상환액 + 기타부채의 연간

DSR 계산

출처: 네이버 부동산 계산기

원금 + 이자 상환액) ÷ 연소득

　　DSR 원리금에는 주택담보대출뿐 아니라 신용대출, 마이너스통장과 자동차 할부 등을 포함하기에 대출이 많은 사람은 추가 대출 한도가 줄어든다. 대출금액과 이자가 적을수록, 상환기간이 길수록 한도가 높아지는 것이다. 마이너스통장은 만들기만 하고 사용하지 않아도 돈을 언제든 뺄 수 있기 때문에 전액 사용하는 걸로 간주한다. 신용대출과 마이너스통장은 5년 동안 원금을 나눠 갚는 것으로 간주한다. DSR에서 가장 치명적인 것이 신용대출과 마이너스통장이다.

참고사항

❶ 신DTI 및 DSR 부채산정 방법 (출처 - 부동산위키)

분류	종류	상환형태	원금	이자
주택 담보 대출	개별 주택담보대출 및 잔금대출	전액 분할상환	분할상환 개시이후 실제 상환액	
		일부 분할상환	분할상환 개시이후 실제상환액 + 만기상환액 / (대출기간 - 거치기간)	
		원금 일시상환	대출총액 / 대출기간(최대 10년)	
	중도금 · 이주비	상환방식 무관	대출총액 / 25년	

		구분	DSR	신DTI	
주택 담보 대출 이외의 기타 대출	전세자금대출	상환방식 무관	불포함		실제 부담액
	전세보증금 담보대출	상환방식 무관	대출총액 / 4년		
	비주택 담보대출	상환방식 무관	대출총액 / 8년	불포함	
	신용대출	상환방식 무관	대출총액 / 5년		
	기타대출	상환방식 무관	향후 1년간 실제 상환액		
	예 · 적금담보대출 유가증권담보대출	상환방식 무관	대출총액 / 8년		

* 신DTI의 경우 원금상환액을 반영하지 않음

✅ 부채산정 방법　　　　　　　　　　　　　　출처: 네이버 부동산 계산기

　　주택담보대출을 받을 예정이라면 상환기간이 짧은 다른 대출(신용대출, 마이너스통장)을 줄여놓는 것이 좋다. 다른 대출이 없다는 가정하에

DSR 40%_(22년 12월 기준)이라면 2,000만 원 소득, 5% 이자일 때 대출 1억 원이 나온다. DSR은 네이버에서 DSR 계산기로 계산해볼 수 있다. 될 수 있으면 상환기간을 길게 하고, 금리가 낮은 대출을 받아야 한다.

9억 원 이상의 집을 사거나 다주택의 경우는 DSR을 40%에 맞춰서 대출이 나오고, 9억 원 이하의 아파트 1채를 특례보금자리로 대출받으면 DTI 60%를 기준으로 한다.

DTI = (해당 주택담보대출 연간 원리금 상환액 + 기타부채의 연간 이자 상환액) ÷ 연소득

신용대출과 마이너스통장까지 보는 DSR과 달리 해당 주택과 다른 대출의 이자만 보는 DTI는 소득이 완화된 기준이고, 특례보금자리는 DTI 60%, 한도는 5억 원까지다. 대출 한도는 지역별 LTV와

세전연봉	DTI 특례보금자리			DSR 담보대출		
	DTI 한도 60%	월 상환금액	30년 상환 시 대출금액 (금리 4.25%)	DSR 40%	월 상환금액	30년 상환 시 대출금액 (금리 5%)
3,000만 원	1,800만 원	150만 원	2억 9,000만 원	1,200만 원	100만 원	1억 8,000만 원
4,000만 원	2,400만 원	200만 원	3억 8,000만 원	1,600만 원	133만 원	2억 4,000만 원
5,000만 원	3,000만 원	250만 원	4억 8,000만 원	2,000만 원	166만 원	3억 원
6,000만 원	3,600만 원	300만 원	5억 원	2,400만 원	200만 원	3억 6,000만 원
7,000만 원	4,200만 원	350만 원	5억 원	2,800만 원	233만 원	4억 3,000만 원
8,000만 원	4,800만 원	400만 원	5억 원	3,200만 원	266만 원	4억 9,000만 원
9,000만 원	5,400만 원	450만 원	5억 원	3,600만 원	300만 원	5억 5,000만 원
1억 원	6,000만 원	500만 원	5억 원	4,000만 원	333만 원	6억 2,000만 원

DTI를 동시에 만족시키는 만큼 나온다.

DTI 60%로 나오는 특례보금자리 대출은 다른 대출이 없을 때, 연봉 5,000만 원 직장인이 5억 원까지 가능하고 그 이상의 금액은 연 소득이 높은 사람만 일반 담보대출이 가능하다. DSR 40%를 보는 일반 담보대출에서 5억 원의 대출을 받으려면 다른 대출 없이 연봉 8,000만 원 이상이어야 한다. 9억 원 이하의 집을 살 예정이라면 연봉 5,000만 원일 때 특례보금자리로 5억 원 이하는 가능하며, 집값의 70%나 80%(생애최초)까지 가능하다. 대출은 디딤돌대출(금리 3% 미만) > 보금자리 대출(4%대) > 담보대출(시장금리) 순으로 알아보는 게 가장 유리하다.

◎ 대출 한도 계산하기

대출을 받으려면 담보가 되는 물건으로 대출이 얼마까지 나오는지, 내 소득이 DSR이나 DTI를 충족하는지 먼저 알아봐야 한다. DSR은 주택담보대출이 아닌 대출의 원리금까지 보기 때문에 조건이 상당히 까다롭다. 신용대출이나 마이너스통장도 월급으로 원금을 5년 동안 나눠서 갚는다는 전제가 깔려 있기 때문이다. 그런데 DTI는 주택담보대출의 원리금 상환액과 기타대출의 이자 상환액만을 보기 때문에 비교적 여유가 있는 편이다.

소득이 적다면 DTI를 보는 대출을 받는 것이 유리하고, 소득이 높고 대출액이 크다면 DSR을 보는 담보대출을 받는 것이 좋다. 앞서 얘기한 디딤돌이나 보금자리 대출은 집값을 적정선 이하로 제한하는 대신 DSR을 보지 않기 때문에 소득이 적은 사람들을 위한 대출이라고 할 수 있다. 담보대출의 한도를 계산할 때는 '부동산 계산기'를 활용하면 편하다.

주택 가격	지역	무주택자 LTV	다주택자 LTV
9억 원 이하	투기 과열, 투기지역	50%	30%
		50%	30%
	조정지역	50%	30%
		50%	30%
		50%	30%
	비규제지역	70%	60%
9억 원~15억 원	투기 과열, 투기지역	50%	30%
	조정지역	50%	30%
	비규제지역	70%	60%
15억 원 초과	투기 과열, 투기지역	50%	30%
	조정지역	50%	30%
	비규제지역	70%	60%

현재 강남 3구와 용산을 제외하고는 모두 비규제지역으로 분류된다. 무주택자 주택담보대출 비율은 70%, 생애최초는 80%다. 5억 원짜리 주택을 대출 LTV 70%로 사려면 5억 원 × 0.7 = 3억5,000만 원이다. 디딤돌대출이나 특례보금자리 대출, 생애최초 보금자리론 등을 이용하면 소득에 비해 한도가 많이 나와서 유리하다. 소득이 적은

짠테크보다 집테크

사람에게 소득이 많은 사람과 같은 조건으로 대출이 나온다면 상대적으로 집을 사기가 어려워지기 때문이다. 혜택은 누리라고 있는 것이다.

만 39세인 무주택자는 일반 담보대출 시 40년 상환을 선택, 소득 1,000만 원당 8,000만 원의 대출(DSR 40%)을 받을 수 있고, 만 39세 이상은 30년 상환으로 소득 1,000만 원당 6,000만 원의 대출이 가능하다. 상환기간을 길게 하면 월 상환금액이 줄어들어 한도가 높아지면서 생활에 여유도 생긴다. 차주의 나이를 보기 때문에 부부라면 나이가 더 어린 사람을 차주로 두면 유리하다. 40년 상환이라고 해서 '40년 동안 언제 다 갚지?'라는 생각은 안 해도 된다. 앞에서도 말했지만 '집을 팔면 바로 사라지는 빚'이기 때문이다. 대출은 내가 갚는 것이 아니라 집이 갚는 것임을 잊지 말자.

세전연봉	DSR			
	DSR 40%	월 상환금액	30년 상환 시 대출금액 (금리 5%)	40년 상환 시 대출금액 (금리 4%)
3,000만 원	1,200만 원	100만 원	1억 8,000만 원	2억 4,000만 원
4,000만 원	1,600만 원	133만 원	2억 4,000만 원	3억 2,000만 원
5,000만 원	2,000만 원	166만 원	3억 원	4억 원
6,000만 원	2,400만 원	200만 원	3억 6,000만 원	4억 8,000만 원
7,000만 원	2,800만 원	233만 원	4억 3,000만 원	5억 6,000만 원
8,000만 원	3,200만 원	266만 원	4억 9,000만 원	6억 4,000만 원
9,000만 원	3,600만 원	300만 원	5억 5,000만 원	7억 2,000만 원
1억 원	4,000만 원	333만 원	6억 2,000만 원	8억 원

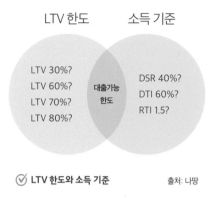

LTV 한도   소득 기준

LTV 30%?   DSR 40%?
LTV 60%?   대출가능   DTI 60%?
LTV 70%?   한도   RTI 1.5?
LTV 80%?

✅ **LTV 한도와 소득 기준**   출처: 나땅

대출은 담보대출 비율과 내 소득을 알아야 한다. 근로자라면 세전 1년 소득으로 계산하면 되는데, 소득 증빙이 안 되는 분들은 당황스러울 것이다. 대출을 받아 투자하려는 계획이 있다면 소득을 만들고 증빙이 되도록 계획을 세워야 한다. 자신이 어떤 유형의 소득을 가졌는지를 먼저 아는 것이 순서다. 증빙소득인지 인정소득인지에 따라 조건이 다르다.

1) 연 소득 산정 방법

• 공식적으로 인정되는 소득이 있는 경우(증빙소득): 원천징수 영수증, 소득금액증명원 등 공식적인 소득 증빙 서류들을 통해 증빙되는 소득을 사용한다. 4대 보험이 되는 직장인이 대출에 유리하다. 사업자의 경우 소득금액증명원의 수입금액이 아니라 소득금액이 인정된다. 수입에서 비용을 뺀 것이 소득인데 비용을 너무 많이 처리하면 소득이 적어 대출받을 때 불리하다. 연말 정산하는 근로소득자나 종

합소득세를 신고하는 사업자들에게 알맞다.

- 공식적으로 인정되는 소득이 없는 경우(인정소득): 공식적인 소득 증빙 서류를 통해 증명할 수 없는 경우 국민연금이나 건강보험료, 카드 사용액 등으로 산정하는 '추정소득'을 사용할 수 있다. 네이버 부동산 계산기에서 추정소득을 계산할 수 있다. 과외나 레슨 등 프리랜서로 소득 관련 증빙이 안 되는 사람, 혹은 인정소득이 2,400만 원 이하인 경우 알맞다.

추정소득 계산기

출처: 네이버 추정소득 계산기

국민연금이나 건강보험료를 가지고 추정소득을 계산하는 방법
도 있다. 건강보험료 산정방식으로는 한 달에 16만 원을 내는 경우 연
소득 5,000만 원으로, 국민연금은 한 달에 40만 원을 내는 경우 소득
5,000만 원으로 간주한다. 이렇게 간접적으로 추정하는 방식으로는
5,000만 원까지만 인정된다. 특례보금자리 대출의 추정소득은 건강보
험료와 국민연금으로도 가능하다.

추정소득 계산

출처: 네이버 추정소득 계산기

· 연봉 2,400만 원 이하라면 카드 사용액으로 소득을 인정받을
수 있다. 카드를 많이 사용하면 소득이 있을 거라고 추정하는 것이다.
카드를 연간 2,500만 원 정도 사용하는 사람이 연체가 없다면, 소득
이 5,000만 원인 것으로 인정해준다. 단, 여기서 카드 사용액으로 인정

되는 소득은 5,000만 원까지다. 카드로 1억 원을 써도 인정소득은 더 올라가지 않는다. 결국 연봉이 2,400만 원 이하인 사람은 카드로 인정 받는 것이 유리하다. 대출을 생각한다면 카드로 지출하는 것이 훨씬 낮다는 것이다(특례보금자리 대출은 카드 사용액으로 추정소득 사용 불가).

2) 2030 장래 소득인정

• 20대: 대출받는 사람이 20대 근로 소득자라면 연봉 × 1.516으로 소득이 인정된다. 20대는 현재는 연봉이 낮지만, 장래에 소득이 늘어날 가능성이 크기 때문에 소득을 1.5배 정도로 보고 대출을 해준다.

• 30대: 대출받는 사람이 30대 근로 소득자라면 연봉 × 1.177로 소득이 인정된다. 30대라면 어느 정도 연봉이 올라왔을 것이기 때문에 20대보다는 적은 비율로 장래 소득을 인정해준다. 같은 연봉을 받는 20대와 30대가 있다면 20대의 대출이 더 잘 나오는 것이다.

40대 이상은 아쉽게도, 장래 소득인정이 없다. 대신 정책자금 대출 중에서 소득을 까다롭게 받지 않는 보금자리 대출을 활용하면 금리도 일반 담보대출보다 낮고 소득요건도 까다롭지 않아 대출받기 수월하다. 소득이 적은 사람이라면 정책자금으로 소득이 적은 사람에게 해주는 대출(디딤돌대출)에 집중하는 것이 좋다. 2023년도는 보금자리와 적격대출은 한시적으로 특례보금자리 대출로 합하여 진행된다.

보금자리 대출 족집게 과외:
디딤돌대출, 특례보금자리 대출

20대가 경제적인 지식이 부족한 것은 어쩌면 당연한 일인데, 그렇다고 모든 60대가 경제적 지식이 풍부한 건 아니다. '경제'는 인생을 살면서 한 번쯤은 공부해야 할 매우 중요한 요소임에도 놓치고 사는 사람들이 많다. 분명한 건 준비되었든 준비되지 않았든 우리는 우리의 의사와는 상관없이 자본주의가 만든 '모노폴리' 게임에 떨어졌다는 것이다.

지금 소개하는 디딤돌대출은 좋은 제도임에도 체계적으로 알려주는 사람이 없으며, 심지어 이런 제도가 있는지조차 모르는 사람이 많다. 이 책에서 디딤돌대출만 정확히 알고 가도, 절반은 성공했다고 말할 수 있을 만큼 이 제도는 무척이나 중요하다. 주택을 살 예정이라면 먼저 주택금융공사에서 '디딤돌대출'과 '보금자리대출'을 먼저 알아보기를 권한다.

디딤돌대출은 이자가 3% 이하로 매우 낮으며, 그만큼 소득이 적어야만 가능한 대출이고 대출이 나오는 집의 가격 또한 정해져 있다. 대출 후 1개월 이내에 전입, 1년 이상 실거주를 해야 한다는 조건도 있다. 연봉과 매매가 조건만 맞는다면, 디딤돌대출을 능가하는 대출은 찾아보기 힘들다.

✅ 한국주택금융공사 상품 소개   출처: 한국주택금융공사 홈페이지

- 디딤돌대출 대상

☑ 부부합산 연 소득 6,000만 원 이하 (생애최초 주택구입자, 2자녀 이상 가구, 신혼가구는 연소득 7,000만 원 이하), 순자산 가액 4억5,800만 원 이하 무주택 세대주

대출 금리: 연 2.15%~연 3%

대출 한도: 2억 5,000만 원, 신혼·2자녀 이상 최대 4억 원 이내 (LTV 70%, DTI 60% 이내)

담보주택: 5억 원 이하, 신혼·2자녀 이상 6억 원 이하

대출 기간: 10년, 15년, 20년, 30년 (거치 1년 또는 비거치)

디딤돌대출은 청약저축에 오래 가입돼 있는 사람과 생애최초 구입자에게 우대금리가 적용된다.

	일반 (30세 이상)	생애 최초	신혼 (혼인 7년)	2자녀 이상
연소득	6,000만 원 이하	7,000만 원 이하	7,000만 원 이하	7,000만 원 이하
대출 한도	2억 5,000만 원	3억 원	4억 원	4억 원
담보주택 가격	5억 원 이하	5억 원 이하	6억 원	6억 원
금리	연 2.15%~3%			

연봉 7,000만 원 이하의 신혼부부가 6억 원짜리 집을 산다고 가정을 해보자. 대출 한도는 70%로, 6억 원의 70%까지 가능하다. 6억 원 × 0.7 = 4억2,000만 원이지만 디딤돌대출 한도가 4억 원이다. 4억 원까

짠테크보다 집테크

지 디딤돌대출로 대출이 가능하다. 소득요건 DTI 60% 이하의 조건에도 맞아야 한다. 소득 7,000만 원은 다른 대출이 없다고 했을 때, 디딤돌대출로 4억 원 정도는 대출이 충분히 나온다. 다른 대출이 있다면 DTI 계산기로 계산해보길 바란다.

☑ 만 30세 이상의 미혼 단독 세대주

대출대상자: 만 30세 이상의 미혼(가족관계 증명서상 배우자가 없는 경우) 단독 세대주(차주의 주민등록등본상 직계존속 또는 미성년 형제·자매 중 1인과의 부양 기간(합가일 기준)이 계속해서 6개월 미만인 경우 포함)

대출 대상 주택: 주거전용면적 60㎡(수도권을 제외한 도시지역이 아닌 읍 또는 면 지역은 70㎡) 이하의 주택으로 대출접수일 현재 담보주택 평가액이 3억 원 이하인 주택

대출 한도: 2억 원 이내

미혼 1인 가구(종잣돈 6,000만 원)라면 60㎡ 이하 3억 원 이하의 주택은 한도 80%까지, 2억4,000만 원까지 대출이 가능하다. 대출금액 2억 4,000만 원 중 디딤돌대출로 2억 원까지 대출이 가능하며, 나머지 4,000만 원은 보금자리론으로 해결할 수 있다. 디딤돌대출의 조건이 더 까다로우므로, 디딤돌대출을 받을 수 있다면 보금자리론도 받을 수 있다.

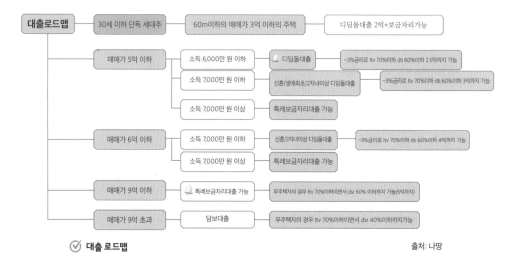

대출로드맵

대출로드맵	30세 이하 단독 세대주	60m이하의 매가 3억 이하의 주택	디딤돌대출 2억+보금자리가능	
	매매가 5억 이하	소득 6,000만 원 이하	디딤돌대출	~3%금리로 ltv 70%이하 dti 60%이하 2.5억까지 가능
		소득 7,000만 원 이하	신혼/생애최초/2자녀이상 디딤돌대출	~3%금리로 ltv 70%이하 dti 60%이하 3억까지 가능
		소득 7,000만 원 이상	특례보금자리대출 가능	
	매매가 6억 이하	소득 7,000만 원 이하	신혼/2자녀이상 디딤돌대출	~3%금리로 ltv 70%이하 dti 60%이하 4억까지 가능
		소득 7,000만 원 이상	특례보금자리대출 가능	
	매매가 9억 이하	특례보금자리대출 가능	무주택자의 경우 ltv 70%이하이면서 dsr 60% 이하까지 가능(5억까지)	
	매매가 9억 초과	담보대출	무주택자의 경우 ltv 70%이하이면서 dsr 40%이하까지가능	

✅ **대출 로드맵**   출처: 나땅

디딤돌대출 + 보금자리론 = 꿀 조합

2억 원(디딤돌대출 ~3%) + 4,000만 원(보금자리론 ~4.45%) = 2억 4,000만 원

이자를 계산해보면, 2억 원 × 0.025 + 4,000만 원 × 0.045 = 500만 원 + 180만 원 = 680만 원/년이다. 이 조건은 자신의 종잣돈 6,000만 원으로 1년 이자 680만 원, 즉 매월 56만 원을 감당하는 주거다. 그 어떤 전세자금 대출이나 월세보다 좋고, 담보대출 이자 중 최강의 조합이라는 것을 알 수 있다. 조건에 맞는다면 가능한 한 이용하는 것이 좋다. 30세 이상의 미혼 세대주라도 보증금 6,000만 원에 월세 56만 원 이상을 주거에 사용하고 있다면 같은 부담을 가지고 내 집에서 살수 있다.

네이버 부동산에서 같은 조건으로 필터링해 보면 수도권 곳곳에 새 아파트도 있다. 원룸, 빌라, 오피스텔에 비해 월등히 좋을 것이다.

다음은 특례보금자리 대출이다. 2023년도 한정으로 특례보금자리 대출이 나왔다. 특례보금자리 대출은 'LTV 70% 이하면서 DTI 60% 이하'라는 조건을 모두 충족해야 대출이 나온다. 9억 원 이하의 집을 살 때 5억 원까지 대출이 가능하다.

연봉	DTI				
	DTI 한도 60%	월 상환금액	30년 상환 시 대출금액 (금리 4.5%)	40년 상환 시 대출금액 (금리 4.5%)	50년 상환 시 대출금액 (금리 4.5%)
3,000만 원	1,800만 원	150만 원	3억 원	3억 3,000만 원	3억 6,000만 원
4,000만 원	2,400만 원	200만 원	4억 원	4억 4,000만 원	4억 7,000만 원
5,000만 원	3,000만 원	250만 원	5억 원	5억 원	5억 원
6,000만 원	3,600만 원	300만 원	5억 원	5억 원	5억 원
7,000만 원	4,200만 원	350만 원	5억 원	5억 원	5억 원
8,000만 원	4,800만 원	400만 원	5억 원	5억 워	5억 원
9,000만 원	5,400만 원	450만 원	5억 원	5억 원	5억 원
1억 원	6,000만 원	500만 원	5억 원	5억 원	5억 원

예시 1) 만 39세 이하 차주의 연봉이 4,000만 원일 때, 종잣돈 1억 원을 가지고 4억 원을 대출받아 매매가 5억 원짜리 집을 살 수 있다. 원리금 상환액은 한 달에 180만 원이고, 특례보금자리 대출은 고정 금리다. 전세자금 대출 이자와 월세 대출 원리금을 비교해보면 임대로 사는 것과 자기 집에 사는 것의 차이를 실감할 수 있을 것이다. 우대금리를 받으면 월 부담액은 더 줄어든다. 만약 고정금리로 대출을 이용하다가 중간에 시장금리가 내려가면 더 낮은 금리로 대환하면 된다.

　　예시 2) 만 39세 이하 차주의 연봉이 5,000만 원이라면 5억 원을 대출받을 수 있다(40년 상환 금리 4.5%로 계산 시). 원리금 상환액은 한 달에 225만 원 정도이고, 우대금리를 받으면 금리부담은 줄어든다.

　　*수도권에서는 5억 원 이하의 역세권도 준신축 아파트도 얼마든 찾을 수 있으므로, 종잣돈이 6,000만 원 이상이라면 가격이 많이 내린 상황에서의 부동산 매입을 고민해볼 좋은 기회이다. 물론 선택은 여러분의 몫이지만, 집을 사지 않는 건 '집값이 떨어질 거라는 확률'에 투자하는 것과 같다.

1. 네이버 부동산

우리가 가장 즐겨 사용하는 '네이버 부동산'에는 사용자들이 모르는 기능이 많다. 자신의 소득으로 가능한 대출 한도를 계산하면 접근 가능한 지역을 검색할 수 있다. 네이버는 현재 거래 가능한 매물이 보인다는 점에서 독보적이다.

① 매매가 필터 기능: 원하는 가격만 보이게 설정할 수 있다.

② 물건 종류(아파트/빌라/오피스텔/분양권/재개발/재건축): 기본으로 설정되어 있는 것 외에는 쳐다보지도 않는 사람이 많다. 특히 재개발은 따

로 클릭해야 나오기 때문에 모두 들어가서 확인해보는 것이 좋다.

③ 면적 필터(10평 미만/20평대/30평대/40평대/50평대/60평대/70평대): 가족 수나 상황에 따라 원하는 평수가 달라지는데, 매매가와 평수 제한을 둬 접근 가능 지역만 표시할 수 있으므로 검색이 편리하다.

④ 분양: 분양 단지는 신제품이 출시되는 것과 같아서 모두의 관심을 끈다. 당장 사용할 수 있는 상품이 아니기 때문에 그 존재를 아는 사람에게만 투자 대상이 된다.

⑤ MY관심: 전국에 중요단지들이 있는데 지역별로 기준이 되는 단지를 MY관심에 저장해서 시세를 체크한다. 부동산은 시세가 연결돼 있어 중요단지를 파악하는 것으로도 지역 시세의 흐름을 체크할 수 있다.

거래 가능한 아파트를 보면 매물정보가 표시된다. 네이버는 매도자의 호가를 반영하기 때문에 이 호가가 시장에서 받아들여지는 호가가 맞는지 검증(거래 조건, 평면도 등)이 필요하다.

매물정보 예시

매매 실거래가

최근 실거래가를 보면 실거래 대비 매물 가격이 높은지 낮은지 확인할 수 있다. 금액이 너무 높거나 낮은 것은 그럴 만한 사정이 있는 것이기에 중간값을 본다. 급매라는 공인중개사 말만 듣지 말고 사실을 확인하는 것이 좋다. 이해관계인끼리의 자전거래나 저층/급매/특수한 물건은 금액이 낮고, 최근에 호텔급으로 수리가 아주 잘된 물건은 거래가격이 높을 수 있다.

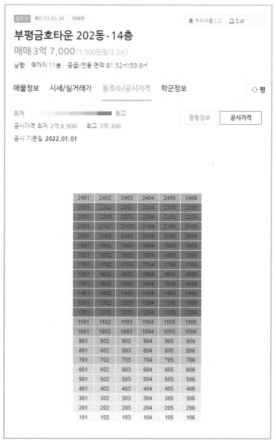

✓ 공시가격   출처: 네이버 부동산

과거 임장 시 급매를 만난 적이 있는데, 단지 안 최저가격보다 10% 정도 싼 매물이었다. 임차인이 거주 중이었고 집을 아주 험하게 써 상태가 좋지 않다 보니 그대로는 임대를 도저히 놓을 수가 없는 것이었다. 수리를 하려 해도 임차인 보증금을 내어주고, 웃돈을 들여 수리해야 하는 상황. 매도도 정상적으로는 힘들어서 매수자에게 사정을 이야기하고 싸게 파는 것 말고는 다른 방법이 없었다. 모르긴 몰라도 TV에 나오는 쓰레기 집 수준이지 않았을까. 싸게 파는 대신 집을 보지 않고 계약하는 것이 조건이었다.

최근 세법의 영향으로 중요해진 '공시가격'은 국토교통부 사이트 공시가격 알리미에 들어가 주소 입력 후 확인할 수 있다. 취득세 중과가 되지 않는 공시가격 1억 원 이하 매물을 찾을 때 많이 사용했다. 주소를 따로 입력하는 것이 꽤 번거로운데 네이버에 공시가격이 표시된다. 동·호수별로 표시되고 따로 찾지 않아도 바로 확인할 수 있어 편리하다.

1) 개발

우측 상단의 [개발]을 누르면 계획 중인 교통망과 신도시 등이 표시된다. 될 수 있으면 새로 지하철이 생기거나 새로운 도로가 뚫리는 곳이 좋다. 도로나 교통의 계획은 사이트마다 있는데 빠진 노선이 서로 달라 완전하지 않기에 여러 사이트를 함께 확인하고 있다. 예를 들어 동북선 같은 경우 네이버 개발에는 표시되는데 호갱노노의 개발

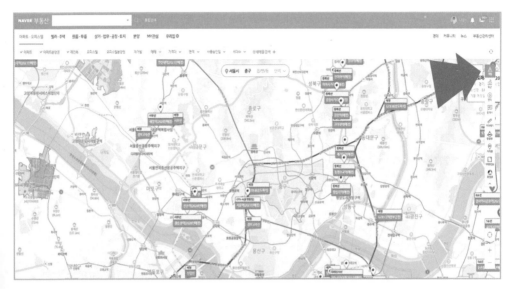

✅ 네이버 부동산 [개발]

출처: 네이버 부동산

호재에는 표시되지 않는다. 이미 착공한 노선인데도 그렇다.

2) 분양권

현재 실수요자에게 가장 좋다고 생각되는 것이 분양권이다. 분양권의 전매 기간이 대폭으로 축소되어 분양권을 통한 기회도 찾을 수 있다. 분양권은 총매매가격으로 표시되기 때문에 종잣돈의 10배까지도 볼 수 있다. 분양권으로 입주를 원한다면(분양가의 80%까지 대출이 가능한 경우), 종잣돈의 5배쯤 되는 금액까지 범위를 설정해보자(전용 면적은 최소 40㎡가 넘는 넓이 선택).

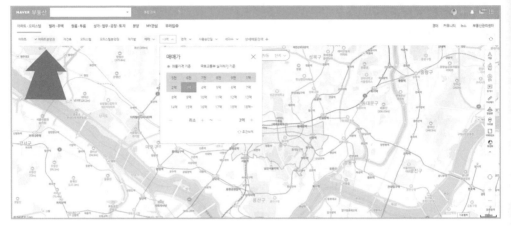

✅ 네이버 부동산 [분양권]　　　　　　　　　　　　　　출처: 네이버 부동산

재건축이나 재개발은 이제 처음 주택을 사려는 우리에게는 조금 먼 얘기 같지만, 따로 재개발, 재건축만 클릭해서 둘러보는 것도 나쁘지 않다(재개발은 따로 클릭하지 않으면 보이지 않는다). 네이버에서 부동산 관련 뉴스만 따로 모아서 볼 수도 있기에 최근 보도되는 내용까지 확인할 수 있다.

2. 호갱노노

호갱노노는 일단 가입을 하고, 우측 상단의 사람 모양을 누른 뒤 [내 메뉴] -> [서비스 설정] -> [개발 호재 기능 사용]을 클릭한다. 호갱노노는 기본적으로 개발 호재 기능을 사용하지 않는 것으로 되어 있다. 메인화면의 보라색은 아파트, 회색은 오피스텔이다.

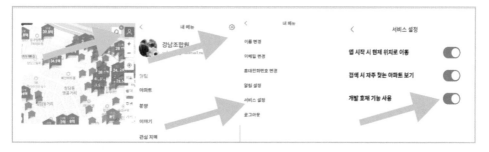

✅ 설정하기

출처: 호갱노노

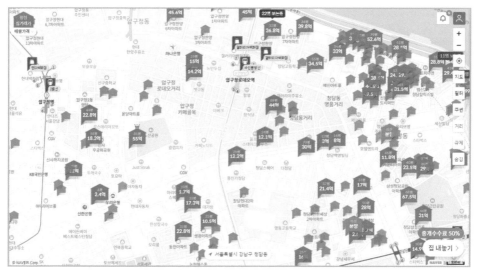

✅ 메인화면으로 보는 현황

출처: 호갱노노

보라색 아파트 중 왕관을 쓴 아파트는 그 동네에서 가장 인기 있는 대표단지라고 할 수 있다. 그 지역을 처음 방문한다면 대표단지를 먼저 확인한 후 가장 좋은 순서대로 뻗어나가는 것이 좋다. 비교적 작은 집 모양도 보이는데 이런 집들은 장기간 거래가 없어 시세를 표기하기도 모호한 집이므로, 이런 집을 택하기 전에는 반드시 '내가 원할

짠테크보다 집테크

때 안 팔릴 수도 있겠다'라는 생각을 해둬야 한다. 빨간 집 모양은 분양권 상태이거나 분양 예정인 단지다.

호갱노노 [입주민 이야기]에는 제목 그대로 입주민들의 다양한 이야기가 있다. 장단점이 있는데, 사용자들끼리 싸우기도 하고 소유자들이 자기 집 살기 좋다고 홍보하기도 한다. 호재가 있으면 활성화되기에 참고하면 된다.

유용한 기능

1) 규제 탭

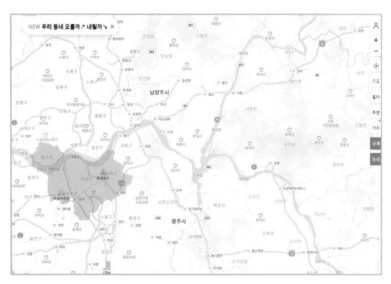

✅ 규제

출처: 호갱노노

우측 중앙에서 [규제]를 확인할 수 있다.

2) 개발 호재

개발 예정인 지하철이나 도로 등이 표시된다.

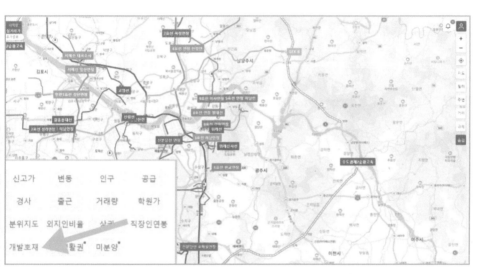

✅ 개발 호재 표시

출처: 호갱노노

4호선 인덕원역을 중심으로 방사형으로 이미 착공한 인덕원 동탄선, 월곶판교선과 GTX-C가 예정되어 있어 교통의 핵심지가 될 것임이 분명해 보인다. 같은 금액이라면 미래 가치가 높아질 수 있는 곳을 선택하자.

✅ 인덕원 동탄선

3) 학원가

　서울 최고의 학원가는 단연 대치동이다. 좌측의 [학원가]를 누르면 학원가 밀도가 색깔별로 표시된다. 그 외에 [직장인 연봉]이나 [분위 지도] 등도 클릭해서 살펴보자.

✔️ 대치동 학원가

출처: 호갱노노

4) 인구

좌측의 [인구]에서 지역 동그라미를 클릭하면 아래와 같이 연계
지역 간의 인구이동 비율을 알 수 있다.

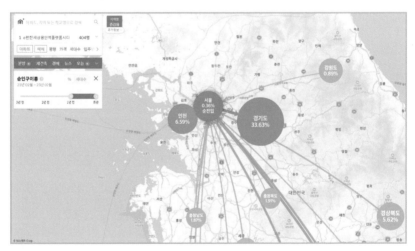

✔️ 인구이동

출처: 호갱노노

짠테크보다 집테크

3. 부동산지인

'부동산지인'은 주로 수요와 공급, 시장 분위기를 볼 때 사용하는 부동산 빅데이터 사이트다.

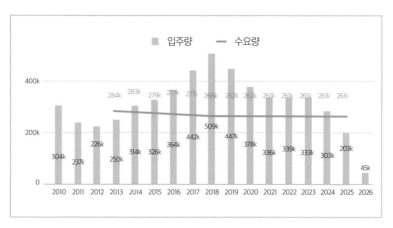

기간별 수요와 입주

출처: 부동산지인

붉은 선은 인구수 대비 적정 수요의 기준이다. 전국적으로 2017년 ~2019년에 가장 많은 입주자가 발생했음을 알 수 있다.

공급이 적으면 집값이 올라가고, 공급이 많으면 집값이 떨어질까? 전세가 올라가면 집값도 올라가고, 전세가 떨어지면 집값도 떨어질까? 그렇다면, 공급은 많은데 금리가 내려가는 경우 매매가는 어떻게 될까? 집값의 오르내림에는 여러 가지 요소들이 복합적으로 작용한다. 'A는 B다'처럼 단순하게 맞아떨어지지 않는다는 것이다.

구분(지역)	인구수	2021 아파트			2022 아파트			2023 아파트		
		수요량	입주량	범례	수요량	입주량	범례	수요량	입주량	범례
전국	51,450,829	261,324	335,928	초과	260,917	338,764	초과	261,133	333,415	초과
서울	9,436,836	48,124	51,834	적정	48,017	34,815	부족	48,120	27,803	부족
부산	3,320,276	16,955	27,578	과잉	16,859	26,833	과잉	16,909	21,836	초과
대구	2,365,619	12,072	18,215	과잉	12,003	21,415	과잉	12,036	37,500	과잉
인천	2,964,820	14,921	17,222	적정	14,995	43,497	과잉	14,965	47,777	과잉
광주	1,432,049	7,295	6,654	적정	7,259	16,333	과잉	7,273	4,757	부족
대전	1,446,749	7,349	6,796	적정	7,329	10,618	과잉	7,337	3,762	부족
울산	1,111,371	5,676	1,418	부족	5,635	4,183	부족	5,659	9,042	과잉
세종	382,770	1,882	9,168	과잉	1,930	3,793	과잉	1,915	1,844	적정
경기	13,583,238	68,649	122,130	과잉	68,774	113,758	과잉	68,666	98,393	과잉
강원	1,536,863	7,786	12,173	과잉	7,787	5,328	부족	7,790	6,125	부족
충북	1,595,284	8,084	9,316	적정	8,081	6,889	적정	8,082	11,373	과잉
충남	2,122,357	10,725	11,155	적정	10,734	21,043	과잉	10,738	21,986	과잉
전북	1,770,839	9,043	6,801	부족	8,986	10,515	적정	9,013	6,716	부족
전남	1,818,484	9,275	14,553	과잉	9,231	8,665	적정	9,253	8,123	적정
경북	2,602,052	13,292	9,200	부족	13,205	4,380	부족	13,235	10,918	적정
경남	3,282,849	16,772	10,888	부족	16,654	6,263	부족	16,711	14,318	적정
제주	678,373	3,425	827	부족	3,436	436	부족	3,431	1,142	부족

✔ **지역별 수요와 입주**

출처: 부동산지인

집을 사고자 한다면 자신이 들어가려는 지역과 그 인근의 수요와 입주에 대해 정확히 알고 있어야 한다. 부동산 시장이 좋아도 입주가 많은 지역이라면 전세 놓기가 힘들어지기 때문이다. 또 내가 매도하려는 때에 물량이 많으면 경쟁매물 때문에 차질을 겪을 수도 있다. 수요와 공급의 분위기를 파악하고 있어야 하는 가장 큰 이유다.

짠테크보다 집테크

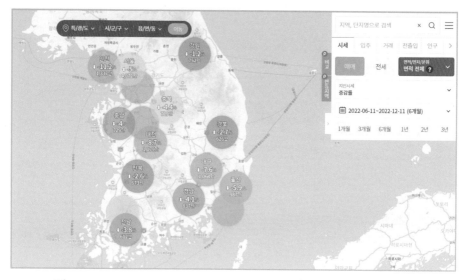

✅ **빅데이터 지도**   출처: 부동산지인

[빅데이터 지도]를 클릭해서 들어오면 전국적으로 하락세를 보이고 있음을 확인할 수 있다. 특별히 많이 떨어진 지역들도 눈에 띈다.

예시의 그림처럼 내가 고른 아파트 단지를 모니터할 수 있으며, 실거래가와 전세 거래가도 확인할 수 있다(부동산지인은 층수가 나와서 좋다). 2022년 5월 이후로는 매매가 안 되고 전세만 한 달에 2~3개 정도 거래되고 있다. 갑자기 너무 많은 정보가 눈에 들어오면 무엇을, 어디서부터 봐야 할지 막막할 것이다. 그럴 때는 부담을 버리고, 인터넷 쇼핑하는 것처럼 편안하게 하나하나 클릭하면서 사이트와 친해지면 된다. 아리송하던 정보들이 머릿속에 제대로 입력되는 순간, 투자의 길이 조금씩 열리기 시작할 것이다.

✅ 내가 고른 아파트 모니터링

출처: 부동산지인

✅ 실거래가와 전세 거래가

출처: 부동산지인

짠테크보다 집테크

4. 아실

'아실'의 가장 강력한 기능은 재개발·재건축 구역 확인이다.

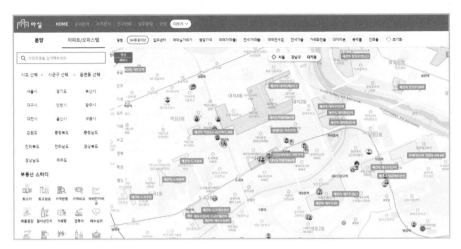

✅ **아실 메인화면**   출처: 아실

민트색으로 표시된 곳은 정비사업이 추진되는 구역이다. 전에
는 하나하나 확인하지 않으면 알기 어려웠는데, 요즘은 부동산 자산
(property)에 기술(technology)이 더해진 일명 '프롭테크' 서비스가 좋아져서
스마트폰만 있으면 자신의 위치가 어디인지까지 정확히 알 수 있다.
임장 시 매우 유용하다는 것이다. 앱을 켠 상태에서 위치 탭을 누르면
바로 현재위치를 중심으로 지도에 표시된다.

주목할 만한 '아실'의 또 다른 기능은 [매수심리]다. [매도세/매수
세]를 보면 연두색 그래프와 주황색 그래프가 있는데 연두색은 매도

자의 심리, 주황색은 매수자의 심리를 나타낸다. 매도자가 팔고 싶으면 내려오고, 매수자가 사고 싶으면 올라간다. 팔고 싶은 매도자의 그래프와 사고 싶은 매수자의 그래프가 만나는 지점이 거래가 잘 되는 시기라고 볼 수 있다. 대중의 심리를 파악하는 데 많은 도움이 된다.

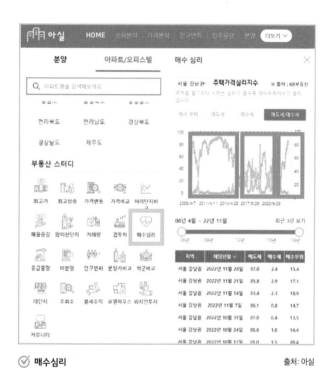

✓ 매수심리

출처: 아실

[여러 아파트 가격 비교]에서는 상대적으로 싼 아파트인지, 비싼 아파트인지 가격을 비교해볼 수 있다. 시세라는 것은 높은 확률로 균등해서, 특별한 이유가 없다면 항상 같은 비율로 가격이 오르내린다. 비슷한 시세를 유지하다가 갑자기 튀는 지역이 있다면 왜 올랐는지,

다른 비슷한 지역은 올랐는데 아직 안 오른 지역이 있다면 왜 안 올랐는지 생각해보자. 기회를 발견할 수 있다.

✓ **여러 아파트 가격 비교**

출처: 아실

'아실'을 이용해 9억 원 이하의 아파트를 찾아보자. 지금은 실거래가 높았다가 떨어진 상태이므로 그런 아파트를 중점으로 골라보겠다.

◆ 필터 설정

- 21평~36평
- 500세대 이상

- 실거래 8억 원~15억5,000만 원

- 매매가 8억 5,000만 원~8억8,000만 원

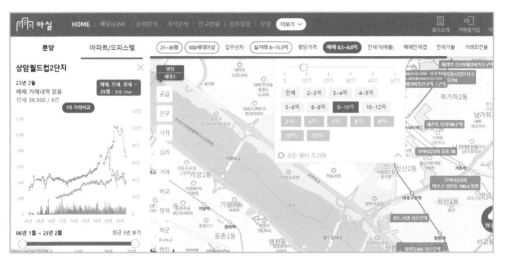

✅ **아실 필터 설정**

출처: 아실

　　실거주가 목적이라면, 필터를 이 정도로 설정하면 된다. 해당 지역
과 아파트를 따로 적고 그중 급지가 높은 것을 선택 후 가격을 비교하
면 쉽고 빠르게 필터링이 된다. 우리는 평균 평단가가 높은 지역의 아
파트 중 상대적으로 저렴한 아파트 매입을 목표로 하자. 내가 추천하
는 '아실'만의 강점은 여러 단지의 '비교'가 명확하다는 것이다.

　　　　　　　　　　　　　　　　　　　　　　　　짠테크보다 집테크

[여러 단지 비교] 탭에서는 지역별 평균 가격과 해당 아파트 가격을 '다른 단지와 과거 시세의 흐름'으로 비교할 수 있다.

✅ **여러 단지 비교**

출처: 아실

◈ 서울 구별 평단가 서열

예를 들면 강북구에 살던 사람은 노원구로, 노원구에 살던 사람은 성북구로, 성북구에 살던 사람은 마포구로, 마포구에 살던 사람은 송파구로, 송파구에 살던 사람은 잠실로, 잠실에 살던 사람은 강남이나 서초로 이사를 하는 것이다. 실거주 집테크를 하려면 기회가 될 때마다 상대적으로 좋은 동네로 들어오면서 해당 단지의 가격이 적정한지 비교해가며 투자하면 된다. 부동산을 공부해보면 지역의 서열이나 급지에 대한 고정관념이 잘 바뀌지 않는다는 것을 알 수 있다. 그렇

1	강남구, 서초구
2	송파구 잠실동, 용산구, 영등포구 여의도동
3	송파구, 강동구 고덕동, 양천구 목동, 마포구 공덕동, 광진구 광장동
4	광진구, 마포구, 양천구, 영등포구, 성동구, 동작구
5	서대문구, 성북구, 동대문구
6	관악구, 강서구, 은평구, 노원구
7	강북구, 중랑구, 도봉구, 금천구

기에 더더욱 그 견고한 서열 안에 있는 룰을 정확히 꿰고 있어야 하는 것이다. 시장이 흔들릴 때 생각지도 못한 기회가 올 수 있으므로, 살던 집이 비과세가 되는 시점에 어디로 가야 할지 늘 주의를 기울여야 한다.

Part 3

'맞춤형 투자'로
실속 챙기기

우리가 일반적으로 '아파트를 산다'라고 하는 것은 재고 아파트를 사는 것이다. 중고차를 사는 것처럼 말이다. 그러나 '청약'은 중고차가 아니라 새 차를 사는 것이다. LH나 SH, GH 등 공기업이 지은 아파트는 민간 아파트보다 분양가가 좀 더 저렴하다. 국민에게 좋은 주거환경을 제공하자는 기본 취지로 주변의 오래된 아파트보다 싸게 새 아파트를 내어주는 것이다.

청약은 청약통장 가입에서부터 시작한다. 주택청약종합저축으로 가입, 가입 기간과 납입 인정액을 부여받는다. 한 달에 10만 원씩 매월 납부를 하다 멈추었거나, 가입만 하고 납입하지 않은 통장이 있다면 지금부터라도 넣으면 된다. 그러면 자신이 내지 않은 달에 소급해서 납부한 것이 된다. 청약은 곧 경쟁이며, 거기서 높은 가점을 얻기 위해서는 마땅히 해야 할 일이다.

만약 시기가 나쁠 때 분양이 시작되었다든지, 사람들이 원하는 가격에 비해 높게 분양되었다든지, 혹은 높은 분양가 때문에 대출이 안 된다든지 하면 경쟁률도 낮아진다. 또한 평면이 희귀해서 자신이 지원한 평형에 지원자가 없다면 당첨이 수월해지기도 한다. 발표일이 같으면 한 곳에만 원서를 넣을 수 있었던 과거 대학 입시 제도처럼 청약 역시 발표일이 같으면 한 곳에만 접수가 가능하다.

입주자 모집공고의 거주요건이나 세대주 등은 모집공고일을 기준으로 한다. 전매제한이 있는 단지는 정해진 기간에 팔 수 없고, 입주요건이 있는 단지는 입주 기간에 입주해야 한다. 입주를 해야 한다면 잔금을 전세금으로 납부할 수 없기 때문에 자금계획을 잘 세워야 한다. 청약을 처음 하는 사람이라면 자신의 청약 점수를 먼저 계산해보는 것이 좋다. 해당 지역에서 최저가점이 몇 점인지 알아보는 것이다. 인기 있는 수도권단지는 최저가점이 50점이 넘는다.

청약 체크 리스트

- 분양가가 얼마인가?
- 전매제한이 있는가?

- 중도금 대출이 되는가?

- 계약금은 얼마인가?

- 내 점수를 청약홈에서 확인했는가?

- 일반공급으로 청약한다면 나의 점수가 당첨 가능한 점수대인가?

- 특별공급으로 청약한다면 당첨 가능한 전형인가?

- 실거주 요건이 있는가?

- 최근 분양한 단지의 당첨 커트 라인은 어떻게 되는가?

무주택기간 15년에 32점, 청약 가입 기간 15년에 17점, 부양가족이 없으면 5점이 부여된다. 이렇게 부양가족이 없는 사람의 최고 가점은 32 + 17 + 5 = 54점, 배우자가 있다면 5점이 추가되어 32 + 17 + 10 = 59점, 자녀가 둘 있다면 32 + 17 + 20 + 69점이 되며 이 정도 점수는 고가점이라 할 수 있고, 부양가족이 늘지 않는 한 이 이상의 점수는 어렵다.

청약을 넣기 전에는 분양하는 단지와 가장 비슷한 입지의 아파트와 시세 비교를 해본다. 만약 연식에 차이가 난다면 일반적인 물가 상승률만큼의 시세를 새 아파트에 더해준다. 기존아파트가 3억 원인데 10년 정도 되었다면 물가 상승률 1.5%~2%를 반영해 연식에 의한 가격 차이는 3억 원 × (0.015~0.02) = 3억4,500만 원~3억6,000만 원일 것이라 유추하는 것이다. 이같이 장단점을 비교해서 가격을 가늠해 볼 수 있다.

분양가가 주변 시세에 비해 저렴하다면 가점이 높을수록 당첨 확률이 높고, 주변 시세에 비해 비싸다면 가점이 낮아도 당첨될 수 있다 (미분양이 될 수도 있고). 점수가 낮은 사람은 비선호 평수나 비선호 타입을 선택하는 것이 전략적으로 좋을 수 있으니 참고하자. 예컨대 분양을 끝낸 영등포자이디그니티는 주변 시세에 비해 분양가가 낮아 확정 수익이 예상되는 단지였다. 59㎡를 8억 원대에 분양한 영등포자이디그니티와 입지가 유사한 영등포중흥s클래스(고점 전세 7억 원대, 현재 매매 10억 원대)를 비교해보면 영등포자이디그니티가 더 좋은 단지처럼 느껴질 수 있는 것이다.

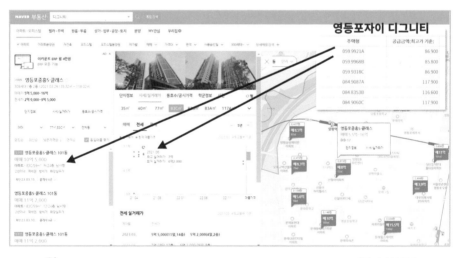

✅ **아파트 시세 비교**　　　　　　　　　　　　　　　　　　출처: 네이버 부동산

　　영등포자이디그니티의 청약 결과를 보면 일반공급은 당첨 최저

가점이 64점 이상이다. 60점대 미만은 당첨되기 어렵다는 뜻이다. 특별공급 대상이라면 특별공급 경쟁률도 봐야 하는데, 생애최초와 신혼부부가 가장 높은 경쟁률을 보인다. 당첨 가능성이 희박하기에 자신이 청약하려는 단지도 예상되는 확정 수익이 있다면 크게 다르지 않을 거라 예상해야 한다.

반대로 미분양이 난 평촌센텀퍼스트는 입지와 연식이 비슷한 평촌어바인퍼스트와 길 하나를 두고 마주 보고 있다. 덕현지구가 재개발되면서 평촌센텀퍼스트로 후분양을 하고 공사완공 단계에서 분양을 했는데, 아파트 가격이 하락하면서 길 건너 평촌어바인퍼스트보다 분양가가 비싸다고 느꼈다.

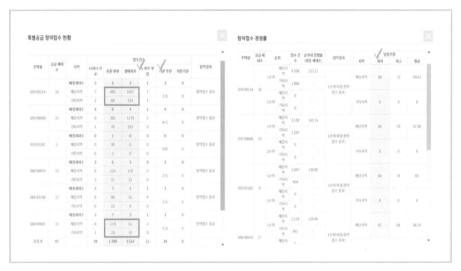

✅ 청약 접수 현황과 경쟁률

출처: 청약홈

59㎡ 분양가가 7억2,000만 원인데 길 건너 어바인퍼스트는 6억 7,000만 원으로 떨어져 새로 분양하는 단지가 꼭 '청약으로 당첨되고 싶은 가격'이 아니었던 것이다. 게다가 매수심리가 좋지 않은 시기이기에, 후분양을 해서 바로 입주해야 하는 단지로 분양했다. 청약 결과를 보면 일부 평형을 제외하고는 미분양이 났다.

영등포자이디그니티와 평촌센텀퍼스트의 사례를 비교해보면 청약의 냉탕과 온탕이 무엇인지 알 수 있다. 분양가가 매력적이면 당첨 최저가점이 매우 높다. 분양가에 따라서 당첨 가능성이 다르기에 자신의 점수가 원하는 단지에 들어갈 수 있는 점수인지 청약홈에서 확인해야 한다.

✅ 두 아파트 비교

출처: 네이버 부동산

우리나라는 결혼을 장려하기 위해 특별공급물량을 신혼부부에게 가장 많이 배정하고 있는데, 신혼부부이거나 생애최초 등 특별공급 대상(노부모, 다자녀 등)에 해당한다면 제대로 도전해볼 만하다. 이것도 저것도 아닌 사람이 청약에만 목을 매다가 실망하고 기회를 놓치는 일은 바람직하지 않다. 일반적인 특별공급 경쟁률은 생애최초, 신혼부부, 노부모, 다자녀 순으로 경쟁자가 많으니 유형 선택에 신중하길 바란다. 물론 최근에는 부동산 분위기가 좋지 않고, 청약으로 분양하는 아파트 가격이 높다 보니 1순위에서 미분양이 나는 경우도 자주 있다. 분양가는 언제든 높아질 수 있다는 것도 잊지 말자.

종잣돈이 너무 적거나, 생각처럼 잘 모이지 않는 경우는 임대 후 분양으로 전환되는 단지도 노려볼 만하다. 사람들은 바로 분양받는 것을 좋아하고, 임대 후 분양전환 단지는 잘 알려지지 않았기에 미처 고려하지 못할 수도 있다. 종잣돈도 부족하고, 청약 고가점자가 아니라면 사람들의 관심이 덜한 곳에서 새로운 기회를 찾는 것도 하나의 방법이다.

• 청약 장단점

청약의 가장 큰 장점은 시세보다 싼 새 아파트를 얻는다는 것이다. 이는 어마어마한 일이며 초기에 분양대금의 10%, 즉 비교적 적은 금액으로 아파트를 마련할 수 있다는 얘기이기도 하다. 가령 분양가가 5억 원인 아파트에 당첨되었다면 계약금 5,000만 원을 납부하고 3

년 동안 입주를 기다리거나, 전매가 되는 단지라면 분양권을 전매할 수 있다. 아파트 투자가 처음인 사람들이 청약을 눈여겨봐야 하는 까닭이기도 하다.

청약은 '청약홈'이라는 사이트에서 자격이 되는 사람에게 아파트를 분양하는 제도인데, 분양가상한제가 적용되면 주변 시세에 비해 분양가가 높아지지 않게 통제하면서 가장 새 아파트를 얻을 수 있게 되므로 '로또 청약'이라는 말이 생겨날 정도로 인기가 있었다. 그러나 경쟁이 과열되면서 청무피사(청약은 무슨, 피주고 사!)라는 말도 생겨났다.

가점항목	가점구분	점수	가점구분	점수
무주택기간 (가점상한 : 32점) **30세 이후 무주택기간 혹은 결혼이후**	1년 미만	2	8년 이상 ~ 9년 미만	18
	1년 이상 ~ 2년 미만	4	9년 이상 ~ 10년 미만	20
	2년 이상 ~ 3년 미만	6	10년 이상 ~ 11년 미만	22
	3년 이상 ~ 4년 미만	8	11년 이상 ~ 12년 미만	24
	4년 이상 ~ 5년 미만	10	12년 이상 ~ 13년 미만	26
	5년 이상 ~ 6년 미만	12	13년 이상 ~ 14년 미만	28
	6년 이상 ~ 7년 미만	14	14년 이상 ~ 15년 미만	30
	7년 이상 ~ 8년 미만	16	15년 이상 ✓	32
부양가족 수 (가점상한 : 35점)	0명	5	4명	25
	1명	10	5명	30
	2명	15	6명 이상	35
	3명	20	-	-
입주자 저축 가입기간 (가점 상한 : 17점)	6월 미만	1	8년 이상 ~ 9년 미만	10
	6월 이상 ~ 1년 미만	2	9년 이상 ~ 10년 미만	11
	1년 이상 ~ 2년 미만	3	10년 이상 ~ 11년 미만	12
	2년 이상 ~ 3년 미만	4	11년 이상 ~ 12년 미만	13
	3년 이상 ~ 4년 미만	5	12년 이상 ~ 13년 미만	14
	4년 이상 ~ 5년 미만	6	13년 이상 ~ 14년 미만	15
	5년 이상 ~ 6년 미만	7	14년 이상 ~ 15년 미만	16
	6년 이상 ~ 7년 미만	8	15년 이상 ✓	17
	7년 이상 ~ 8년 미만	9	-	-

✅ 가점 항목과 점수

출처: 청약홈

청약에 당첨된다는 건 '분양받을 권리'를 얻는다는 뜻이다. 청약에 당첨된 사람이 그 분양권을 프리미엄이라는 가치를 매겨 팔기도한다. 청약은 LH, SH 같은 공기업에서 분양하는 국민주택이 있고, 우리가 흔히 아는 민영아파트가 있다. 브랜드 아파트는 고급스러운 이미지나 브랜드 콘셉트에 특화된 마감과 평면으로 거듭 발전해 나간다(4세대 신축 아파트는 주택 기술의 결정판이기도 하다).

40대 중반의 김 부장(가상 인물)은 밑바닥에서 신혼을 시작해 근검절약하며 꾸준히 청약을 해왔다. 평생 무주택으로 전세를 전전하며 부동산 상승장과 하락장을 보았고, 전세난과 역전세난을 모두 겪었다. 임차인 입장일 때는 전세난도 힘들고 역전세난도 힘들었다. 직장을 묵묵히 다니면서 청약을 15년 동안 매달 꼬박꼬박 부었고, 부모님을 모시고 살며 아이 셋을 키워온 김 부장 부부의 청약 점수는 40대에 이르러 비로소 84점이 되었다.

한 단지에서는 실제로 청약 최고점인 84점이 나와 사람들을 놀라게 했는데, 사실 이 점수는 매우 '슬픈 점수'다. 30세 이후 무주택기간 15년 이상, 통장 가입 기간 15년 이상, 부양가족 6명, 본인까지 7명이 무주택으로 15년간 꼬박꼬박 부금을 납부함으로써 얻은 점수이기 때문이다. 이미 가점이 높다면 고가점자에게 로또 같은 청약을 꾸준히 도전하고, 가점이 애매하고 특별공급 대상도 아니라면 '무순위 청약' 같은 것에도 도전해볼 만하다.

요즘 서울 아파트의 분양가는 10억 원이 넘는 경우가 많은데, 그 중 5억 원은 있어야 하지 않나 하는 생각이 들 수 있다. 분양가가 10억 원인 단지의 계약금이 10%일 경우, 1억을 납부하고 중도금 대출을 받으며 끌고 갈 수 있기에 일단 계약이 가능하다. 금액이 부담된다면 전매가 되는 단지로 청약해 분양권을 매도, 프리미엄을 수익으로 가져올 수 있다. 확정 수익이 예상되는 단지는 무조건 도전하고, 돈이 모자란다고 미리 포기해서는 안 된다.

2023년 4월 주택전매 기간이 대폭 축소되었거나 없어졌다. 과거에는 주변 시세보다 저렴하게 분양한 단지는 반드시 입주해야 했고(투기 목적 차단), 최대 10년까지도 전매를 할 수 없었다. 부족한 자금을 임대로 마련하기 어렵기 때문에 자금 여력이 안 되는 사람들은 청약에 도전하기 힘들었다. 이제는 입주가 부담스러워도 당첨된 권리를 매도해 종잣돈을 늘릴 수 있는 기회가 생겼다. 수도권 대부분은 비규제지역이고, 공공택지가 아니라면 6개월 이후 당첨된 권리를 되팔 수 있다. 돈은 없는데 가점이 높은 사람들에게는 아주 좋은 기회이다. 계약금만 있으면 그 돈이 다 없어도 된다는 것이다.

청약에 당첨된 사람이 분양에 대한 권리를 파는 것이 분양권인데, 아파트는 착공 시점에 분양하기에 실제 입주까지는 대략 3년이 걸린다. 권리만 있고 집은 아직 없는 셈인데, 2021년부터는 분양권도 주택의 수에 포함한다. 부동산 정책과 규제 때문에 어떤 분양권은 소유권 이전까지 다른 사람에게 매도할 수도 없다. 전매 가능 여부는 분양 시 입주가 공고문에 명시되니, 주의 깊게 확인할 필요가 있다.

　　분양권 검색 시 네이버를 활용하면 편하다. 좌측 상단에 아파트/아파트 분양권/재건축이 기본으로 설정되어 있다. 송도에서 분양하고 공사 중인 송도자이크리스탈오션은 오션뷰의 고급아파트인데 전매제한 단지이며, 전매제한 기간에는 매매가 불가능하다(2024년 6월 이후

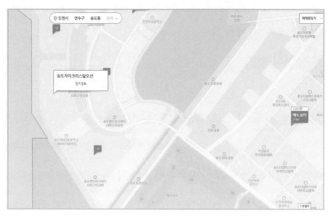

✅ 송도자이크리스탈오션

예상견적서

작성일자 : 2022년 4월 14일 목요일

단위 : (원)

동·호수	타입	분양가
30◯-90	59C	423,500,000
옵션비용		13,165,000
프리미엄		47,000,000
총 합계금액(후불이자및양도세및등기비용 제외금액임)		**483,665,000**

■ 옵션 계약금 및 중도금 내역

NO.	옵 션 사 항	옵션비	계약금	중도금1차 (20/11/13)	중도금2차 (22/6/7)	잔금
1	발코니확장-59C	3,600,000	360,000	360,000		2,880,000
2	시스템에어59A,B,C-4대(거실+침실1+침실2+침실3)	5,520,000	550,000	2,200,000	2,200,000	570,000
3	시스클라인59A,B,C(5대)-거실,주방,침실1,2,3	4,045,000	400,000	1,610,000	1,610,000	425,000
4						
5						
6	옵션사항은 변경가능함					
7	★별도			-		
	합 계 금 액	13,165,000	1,310,000	4,170,000	3,810,000	3,875,000

■ 명의변경까지 정산지불금액(분양가10%+옵션계약금및중도금+프리미엄)

분양계약금10%	42,350,000
중도금현금납부10%	0
옵션계약금	1,310,000
옵션1차(20/11/13)중도금	4,170,000
프리미엄	47,000,000
★	0
수고비	
정산지불금액합계	94,830,000

구 분	비율(%)	공 급 금 액
계약금	10%	42,350,000
중도금50%중도금대출승계	50%	211,750,000
중도금10%6회차 현금납부(22/10/14)	10%	42,350,000
잔금 (입주시)	30%	127,050,000

✅ 예상 견적서

입주 예정). 전매제한 기간의 거래는 불법이고, 설사 하더라도 권리를 보호받을 방법이 없다.

이번에는 거래 가능한 분양권을 보자(위 분양권 견적서는 분양권 거래를 주로 하는 공인중개사무소에서 받은 것이다). 총매매가는 4억8,366만 원이고, 청약으로 4억2,350만 원에 분양받았다. 분양권을 넘기면서 이 권리에 대한 가치를 따로 돈으로 받았고, 이것이 바로 '프리미엄'이다. 이 분양권을 사려면, 파는 사람이 분양 계약을 하면서 넣은 4억2,350만 원의 10%인 4,235만 원과 프리미엄 4,700만 원이 필요하다. 옵션까지 포함하면, 9,483만 원이 있으면 일단 계약을 할 수 있다는 것이다.

분양가의 10% + 프리미엄 + 옵션비(에어컨, 확장비 등) = 분양권 계약 시 필요한 현금

나머지 분양대금은 중도금 대출로 은행에서 건설사로 납부하고 있다. 우리는 매도자로부터 매수해서 분양권 승계 계약을 하고 중도금 대출도 승계해온다. 보통은 계약금 10% + 중도금 60% + 잔금 30%로 분양대금을 납부한다. 중도금 대출은 분양조건에 따라 다른데 60% 모두 대출해주는 곳도 있다. 그렇게 되면 일단 매수는 잘 된 것이다. 중도금 대출은 소득이 없어도 신용에 큰 문제만 없으면 잘 되는 편이다. 이 아파트의 입주 예정 기간은 2023년 5월이며, 그 시기가 되면 2개월~3개월가량 입주 기간을 주는데, 이 기간 안에 잔금을 치르면 된다.

잔금 납부 기간에 담보대출을 일으켜 중도금 대출을 상환하고 소유권을 가져온다. 4억2,350만 원의 30%면 1억2,700만 원이 더 필요한데, 이때 잔금대출은 분양가로 나오지 않고 감정평가를 기준으로 나올 수 있다. 실제로 이 아파트는 이제 입주가 임박하여 은행 감정가 4억 9,000만 원에 대한 잔금대출이 실행되었고 생애최초는 대출 3억 9,200만 원이 실행되었다.

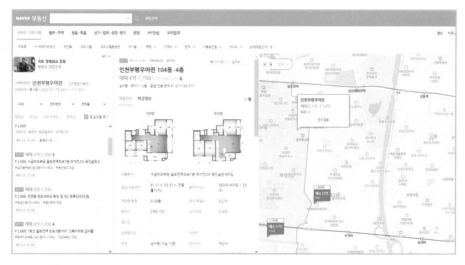

✅ **거래 가능 분양권 확인**

출처: 네이버 부동산

이번에는 네이버에서 거래 가능한 분양권을 보자. 네이버 부동산에서 분양권만 남기고 다른 설정을 다 끈다. 총매매가는 4억1,700만 원이고, 이 아파트는 청약으로 3억9,700만 원에 분양했었다. 이 분양권을 사려면, 파는 사람이 분양 계약 시 넣은 3억9,700만 원의 10%인 3,970만 원과 프리미엄 2,000만 원이 필요하다. 다시 말해 5,970만 원이 있으면 일단 계약을 할 수 있다는 것이다.

직접 입주한다면 대출과 나머지 돈을 지금 살고 있는 집의 전세금이나, 보유한 현금으로 납부하면 된다. 분양권은 '실물이 없는 권리'이기 때문에 부동산에 대한 지식이 없는 사람은 그것을 알기까지 꽤 많은 시간이 걸린다. 현재 부동산은 시장이 좋지 않아서 아파트 가격도 떨어지고 분양권의 가격도 많이 떨어진 상태다. 또한 분양권의 프리미엄은 대출이 나오지 않기 때문에, 프리미엄 가격이 떨어지면 현금도 그만큼 적게 필요하다.

피: 프리미엄 100% 현금
무피: 프리미엄 없음
마피: 마이너스 프리미엄

앞으로는 공사비가 올라 분양가가 높아질 예정이므로, 공사비가 오르기 전의 가격으로 분양권을 사는 것도 하나의 방법이다. 분양권을 전문적으로 투자하는 사람들은 분양권을 분양권 상태로 매도하는 것을 좋아한다. 아직은 권리이기 때문에 취득에 대한 부담과 임대 관리가 필요 없기 때문이다. 분양가란 아파트를 공급하는 원가이다. 이 이하로 가격이 결정될 수 없다. 만약 손익분기점 이하의 분양가로 분양해야 한다면 건설사는 아파트 분양을 하지 않을 것이다.

미래의 새 아파트를 현재의 가격으로 사놓는다는 점에서 분양권

짠테크보다 집테크

은 충분히 매력적이고, 앞으로의 분양권 거래는 더욱 활발해질 것으로 보인다. 분양권에 대해 알고 싶다면 분양권이 많은 지역에 임장을 가보고 중개사무소에 들러 상담을 받아보는 것이 좋다.

- 분양권 투자의 장단점

2023년 4월 7일 주택 전매제한이 완화되었다. 수도권 공공택지 혹은 규제지역에서 청약에 당첨되면 분양가에 따라 10년까지 전매할 수 없었던 것을 최대 3년으로 완화했고, 공공택지 혹은 규제지역이 아니거나 비규제지역은 6개월 이하로 기간을 단축해 분양권의 시대가 열린 것이다. 전매제한 기간 때문에 망설였던 청약자들도 청약에 도전할 수 있게 되었고 이를 분양권으로 살 수 있는 기회도 열린 셈이다.

수도권	공공택지 또는 규제지역*	과밀억제권역	기타
	3년**	1년	6개월
비수도권	공공택지 또는 규제지역	광역시(도시지역)	기타
	1년	6개월	없음

*투기과열지구, 조정대상지역(과열 지역), 분양가상한제 적용지역

**3년 이전 소유권이전등기가 완료되는 경우 3년 경과한 것으로 간주

분양권 투자의 장점은 일단 새 아파트를 살 수 있다는 것인데, 요

즘 새 아파트는 평면도 좋고 살기에도 편리하다. 팬트리도 잘 되어 있고 싱크대도 널찍하다. 그뿐만 아니라 주차 간격도 여유롭고 대수 또한 많다. 단지 안에서 차가 다니지 않도록 지하 주차장으로 연결되고 지상에는 놀이터와 각종 커뮤니티 시설이 갖춰져 있다. 내가 투자한 아파트에는 단지 내에 '물놀이터'가 있는 곳도 있다(워터파크에 가지 않아도 아이들과 얼마든 물놀이를 즐길 수 있는 것이다!).

모르긴 몰라도, 집이든 자동차든 새것이 좋다. 새 아파트가 궁금하다면 한창 입주 중인 아파트를 둘러보면 되고, 가까운 부동산에 요청해도 된다. 입주 시기에는 '구경하는 집'이라고 해서 한 집을 전시장으로 꾸며놓기도 한다. 좋은 물건을 많이 봐야 안목이 높아지고 투자 성공률도 올릴 수 있다.

분양권은 아직 주택이 아니다. 취득세나 보유세 등 주택 관련 세금도 당연히 없다. 분양권이 있어도 전세자금을 대출받아 거주할 수 있으며, 전세로 거주하면서 새로 입주할 아파트를 미리 사놓을 수도 있다. 그뿐만 아니라 본인이 거주할 생각이 전혀 없는 분양권을 투자

2023년 개정안	보유 기간	세율
분양권	1년 미만	45% 단일 세율
	1년 이상	일반 세율
주택 입주권	1년 미만	45%
	1년 이상~2년 미만	일반 세율

할 수도 있다. 분양권을 분양권으로 되파는 것이다. 개정된 분양권의 양도세를 살펴보자.

보유기간이 1년 이내일 경우 45%, 보유기간이 1년 이상일 경우 양도차익에 따라 일반과세를 낸다. 1년 이상을 보유해서 일반과세를 받으며 투자하는 것이 바람직하다는 것이다.

✔️ 루원시티대성베르힐 더센트로

2023년 4월에 입주하는 루원시티대성베르힐 더센트로는 1,059세대의 대단지이고 입주 전에는 분양권 상태이다. 1,059세대 소유자 중 일부는 본인이 거주하려는 경우도 있으며, 소유자가 거주할 상황이 아니라면 전세를 놓을 수도 있다. 그렇게 되면 전세 매물이 일부만 나와도 수백 개가 나오게 된다. 전세가 부족했다면 금방 계약이 될 수 있지만, 입주 기간에 한꺼번에 입주하기 때문에 전세 세입자를 맞추기가 어려울 수도 있다. 지금 네이버에는 전세 매물 211개가 나와 있는데, 직접 입주하는 게 아니라면 전세 계약에 어려움이 있을 것이다.

□ 실전 팁: 분양권 투자, 지금이 좋은 이유

요즘 최고의 이슈는 금리다. 미국의 물가 상승률까지 우리가 체크하는 시대를 살고 있으니 말이다. 물가가 오른다는 것은 물건의 가격이 오른다는 뜻이고, 그 물건에는 부동산도 포함된다. 물가가 오르면 부동산 가격도 오르기 마련인데, 금리가 오르는 경우는 어떨까? 이자 내기가 어려우니까 매매가가 떨어질까? 그렇지 않다. 코로나19 팬데믹으로 인해 인플레이션이 심화되었고, 그 인플레이션을 잡기 위해 금리를 올렸다.

화폐가치가 떨어지고 물가가 오르는 것이 인플레이션인데, 경제 성장률에 맞지 않게 물가가 과도하게 오르면 문제가 발생한다. 2023년 1월~2월에 난방비 이슈가 있었다. 전년에 비해 너무 많이 올라 어떤 집은 10만 원 하던 가스비가 20만 원이 나왔고, 그 이상이 나온 집도 있다. 물가는 아파트 가격에도 영향을 준다. 아파트를 짓는데 필요한 자재의 원가가 오르니 아파트 가격 상승은 어찌 보면 당연한 일이다. 전과 같은 가격으로는 분양이 어려워진 것이다.

KOSIS 자료에 따르면 2015년의 평당 평균 분양가는 2,718만 원이

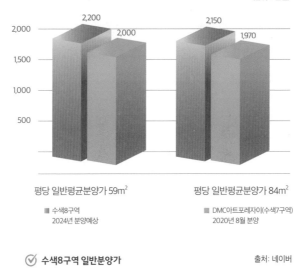

(단위 : 만원)

평당 일반평균분양가 59m²

■ 수색8구역
　2024년 분양예상

평당 일반평균분양가 84m²

■ DMC아트포레자이(수색7구역)
　2020년 8월 분양

✓ **수색8구역 일반분양가**

출처: 네이버

었는데, 2022년의 평당 평균 분양가는 4,647만 원으로 70% 상승했다. 수색8구역의 예상 분양가도 2020년보다 10% 정도 상승했으며, 실제 분양가는 더 올라갈 수도 있다. 원자재와 에너지 조달 비용, 인건비가 계속 오를 거라 생각한다면 지극히 당연한 일이다. 급격한 인플레이션 후에 분양하는 단지는 이런 비용과 고금리의 금융 조달 비용도 아파트 원가에 더해질 것이다. 그 때문에 과거에 분양했던 새 아파트를 사는 것은 여전히 좋은 전략이다. 분양권은 실체가 없는 권리이기 때문에 초보가 투자하기는 어렵지만, 자신이 들어가서 살 수 있는 집을 분양권으로 마련하는 것은 지극히 바람직하다고 볼 수 있다.

분양권 투자가 어려운 이유를 정리하자면 첫째, 실체가 없고 둘째, 입주장을 거치기 때문에 임대나 매매 경쟁이 치열하고 셋째, 미래의 주택을 현재의 가격으로 사야 한다는 것이다. 분양권 계약을 하면 집을 보지 않고 계약한다. 도면과 단지 내 배치도만 본다는 것이다. 쉽게 말해, 카탈로그만 보고 물건을 주문하는 것이다. 몇억 원짜리 물건을 보지도 않고 산다는 것이 이상할 수도 있다.

분양권을 그 상태로 매도하지 못했다면 입주 기간 안에 잔금을 치르고 입주해야 한다. 3개월 안에 매매 물건과 전월세 매물이 한꺼번에 시장에 나오는 것이다. 요즘은 대단지 브랜드 아파트가 각광을 받는데 1,000세대만 되어도 대단지로 분류되던 과거와는 달리 요즘은 3,000세대 이상 아파트도 심심치 않게 찾아볼 수 있다. 3,000세대가 그 인근에서 이사하는 경우가 많아서 전월세 매물이 동시에 몇백 개가 나오기도 하는데, 가령 아파트를 사서 전세를 놓았을 때 경쟁매물이 500개가 있다고 생각해본다면 초보 투자자가 받을 스트레스를 짐작해 볼 수 있을 것이다.

정리하자면, 분양권 아파트는 '아직은 사용할 수 없는 아파트를 미리 사는 것'이다. 가격을 예측해야 한다. 돈만 내고 당장 사용할 수는 없기에 당장 사용할 수 있는 아파트보다는 조금 싸게 구할 수 있다. 분양 후 새로 입주하는 아파트는 그 지역의 보석과도 같은 아파트다. 비슷한 아파트와 비교해도 새 아파트 가격이 훨씬 높다는 것을 알 수 있다. 더 좋은 아파트를 같은 값에 산다면, 그것만으로도 수익은 자연스레 보장된다.

분양권에 투자하는 초보들의 가장 현명한 방법은 본인이 입주할 수 있는 단지에 투자하는 것이다. 그렇게 되면 치열한 입주장을 피하는 것은 물론, 좋은 아파트를 저렴하게 살 수 있다. 주변 구축 아파트와 비교했을 때 경쟁력 있는 신축분양권이라면 초보라도 '이기는 투자'를 할 수 있는 것이다. 매도는 불꽃 튀는 입주 시장을 피해 시장이 좋을 때 하면 된다. 부동산 투자 시 가장 어려운 때가 집이 팔리지 않을 때 강제로 팔아야 하는 경우이다. 매수보다 매도가 어려운 것은 내 집을 남이 사주어야 하는, '통제 밖의 영역'이기 때문이다.

아파트를 사는 사람은 '투자자'이거나 '거주하려는 사람'이다. 분양권으로 매수하고 살면서 매도한다면 안 팔릴 때 아파트를 굳이 팔아야 할 이유가 없다. 그러니 매물이 많지 않고 잘 팔릴 때 팔면 된다. 분양권은 투자 목적으로는 까다롭지만, 실거주자에겐 더할 나위 없는 투자법이다. 부동산 공부가 되어 있지 않다면 존재조차 알기 힘든 투자법이기도 하다.

03 경매 투자:
먼저 모은 1억 원에 성패가 달려 있다

법원에서 공개적으로 매각하는 물건을, 가장 높은 가격을 부른 사람에게 파는 것을 경매라고 한다. 남의 재산을 강제로 매각하기 때문에 법적인 지식이 필요하다. 경매 관련 정보는 대법원 경매사이트나 사설 유료 경매정보지, 지지옥션, 옥션원, 행꿈사옥션, 스피드옥션, 탱크옥션 등에서 얻을 수 있으니 참고하길 바란다.

나는 첫 집을 경매로 낙찰받았다. 조금 어려운 물건이어서 종잣돈 4,000만 원으로 반값에 낙찰받아 곧바로 수천만 원의 수익을 보았다. 경매는 시세대로 낙찰될 수도 있지만 입찰자들의 심리에 따라 더러는 그보다 더 싸게 낙찰되기도 한다. 어렵거나 현금이 많이 필요한 물건이 그러한 경우에 속한다. 현재 시장은 아파트 가격 하락, 매수세 실

짠테크보다 집테크

종, 금리 인상 등 주택에 투자하기 어렵다고 여기는 분위기라서 낙찰가가 매우 낮다. 가령 40억 원 하던 강남의 아파트가 25억 원에 낙찰되기도 하고, 10억 원짜리 평촌신도시아파트가 7억 원에 낙찰되기도 한다.

✑ 경매 공부는 주로 책이나 유튜브 등을 통해 시작하지만, 자료나 정보의 수준이 올바르지 않다면 강의를 듣는 것을 추천한다.

법원은 경매로 매각되는 물건을 낙찰자가 아무 이상 없이 잘 사용하는 것을 목표로 하기에, 문제가 생기면 반드시 낙찰자에게 고지를 한다. 낙찰자는 서류만 꼼꼼히 확인한다면 법적인 문제나 이후에 있을 여러 사태에 대비할 수 있다.

'경매에는 고수가 많은데 나는 언제 공부해서, 언제 수익을 낼까?'

이런 생각을 하며 좌절하지 않아도 된다. 여러분의 걱정과는 달리 진정한 경매 고수들은 초보가 입찰하려는 물건은 쳐다보지도 않는다. 고수는 고수에 어울리는 수익률을 좇는다는 것이다. 그런즉, 초보는 초보끼리 경쟁하게 되고 그중 욕심을 덜 내는 초보가 대부분 낙찰을 받는다. 초보에게도 항상 기회에 열려 있다는 것을 잊어선 안 된다.

경매는 권리분석을 먼저 공부하고 입찰할 물건을 검색한다. 권리

분석도 어렵지만, 실제로 경매에서 가장 어려운 건 물건 검색이다. 어떤 물건을 입찰하면 좋을지 결정하는 것이 결코 쉬운 일이 아니라는 것이다. 우리가 실거주 투자할 때 했던 고민을 여기서 또다시 하게 된다. 경매로 낙찰받은 물건은 임대를 놓을 수도 있고, 본인이 거주할 수도 있다. 어느 경우가 되었든 아파트 투자의 기본원칙을 지키면서 아파트 경매를 해야 한다.

초보가 가장 먼저 시작하는 것이 아파트 경매다. 아파트는 진입장벽이 가장 낮으면서 동시에 경쟁이 가장 치열한 곳이기도 하다. 고수들이 아파트가 아닌 다른 곳에 투자하는 이유 가운데 하나다. 내가 생각할 때 경매로 할 수 있는 가장 이상적인 투자는 공장이나 토지다. 공장이나 토지는 중수 이상의 레벨이 되어야 해볼 만하며, 그만큼 수익도 큰 편이다. 특히 공장 경매는 월세도 나오고, 토지에서 나오는 시세차익도 있어 유망한 대상으로 손꼽힌다.

초보의 경우, 임차인이 없는 물건을 입찰하면 '어떤 경우에도 100% 안전'하다. 경매정보지에서 최소한의 서류를 볼 수 있기만 하면 된다. 경매에서 확인해야 하는 서류는 매각물건 명세서이며, 입찰보증금을 갖고 있으면 임차인이 없는 물건을 입찰할 수 있다.

지금처럼 경매낙찰가가 낮을 때는 경매낙찰가의 80%~90%까지 대출이 가능하다(무주택자의 경우). 경매도 특례보금자리 대출이 가능하지만 특례보금자리 대출은 낙찰가의 70%, 경락잔금대출은 낙찰가

경매정보의 모든 것
행꿈사옥션

의정부 지방 법원 고양지원에서
10:00부터 시작

2022타경889

● 의정부지방법원 고양지원   ● 매각기일 : 2023.02.28.(火) (10:00)   ● 경매1계(전화:031-920-6311)

소 재 지	경기도 파주시 송화로 13, 130동 ▨▨▨▨ (아동동,팜스프링아파트) 도로명검색 🔲 🖨주소 복사 (구)경기도 파주시 아동동 283			
물건종별	아파트	감정가	301,000,000원	
토지면적	34.31㎡(10.38평)	최저가	(49%) 147,490,000원	
건물면적	84.94㎡(25.69평)	보증금	(20%) 29,498,000원	
매각물건	토지 및 건물일괄매각	청구금액	16,945,709원	
사건접수			이OO	
개시결정			이OO	
사 건 명	강제경매	채권자	주OOO OOOOO	

오늘조회:1 전체조회:255

구분	입찰기일	최저매각가격	결과
1차	2022-10-04	301,000,000원	유찰
2차	2022-11-08	210,700,000원	매각
매각	매각가 218,000,000원 (72%) 입찰2명 낙찰자:(O) 차순위금액 215,700,000원		
	2022-12-22		미납
3차	2023-01-25	210,700,000원	유찰
4차	2023-02-28	147,490,000원	매각
매각	매각가 216,599,999원 (72%) 입찰25명 낙찰자:임O기		

전용 면적 84.94㎡ 인 아파트를 입찰보증금 2,939만 8,000원을 가지고 1억4,749만 원 이상에 입찰할 수 있다.

23년 2월 28일에 1억4,749만 원에 입찰 가능하다

매각물건현황 (감정원 : 정일감정 / 가격시점 : 2022.02.28)

목록		지번	용도/구조/토지/대지권	면적	감정가	비고
건물	1	아동동 283 총 25층 건물	팜스프링아파트 130동 ▨▨▨▨	84.942㎡ (25.69평)	150,500,000원 1,771,797원(㎡)	사용승인일:2001.09.27
		대지권 110416㎡ 중 34.3㎡		34.3㎡ (10.38평)	150,500,000원 4,387,755원(㎡)	

토지이용계획	준주거지역	도시지역	제한보호구역(전방지역 : 25km)	소로3류(폭 8m 미만)	소로2류(폭 8m~10m)	교육환경보호구역	상대보호구역	절대보호구역	가축사육제한구역	교통광장	완충녹지	학교

감정평가현황	구분건물 본건은 경기도 파주시 아동동 소재 "송화초등학교" 남서측 인근에 위치하며, 주위는 공동주택, 근린생활시설 등이 소재하여 제반 주위환경은 보통임. 본건까지 차량 진·출입이 가능하며, 인근에 버스정류장 및 "금촌역(경의선)" 등이 소재하는 등 대중교통 여건은 보통임. 철근콘크리트조 슬래브지붕 지상25층 총 제2층 제203호로서,외 벽 : 몰탈 위 페인팅 마감함 호 : 하이삿시 창호 임. 공동주택(아파트)으로 이용중임. 위생 및 급·배수설비, 냉·난방설비, 화재탐지설비, 소화전설비, 승강기설비 등을 갖추었음. 단지 내 포장도로가 개설되어 있으며, 남측으로 노폭 약20미터, 동측으로 노폭 약8미터의 포장도로와 각각 접하며, 이 도로를 통하여 인근지역으로의 연계가 가능함.

비고	재매각, 특별매각조건으로 매수신청보증금 최저매각가격의 20%

부동산현황	철근콘크리트조 슬래브지붕 25층 아파트

지도보기
전자지도 ›
로드뷰 ›
위성지도 ›
지적도 ›
네이버지도 ›
다음지도 ›
씨리얼지도 ›
도시계획지도 ›

관련자료
등기부(건물) ›
예상배당표 ›
건축물대장 ›
감정평가서 ›
매각물건명세서 ›
현황조사서 ›
문건접수/송달내역 ›
부동산표시 ›
토지이용계획 ›
인근진행물건 ›
인근매각사례 ›
주택임대차보호법 ›
상가임대차보호법 ›

관련링크
호갱노노 ›
네이버매물 ›
KB부동산 ›
온나라지도 ›
국토부 실거래가 ›
공시지가알리미 ›
밸류맵 ›
디스코 ›
부동산 플래닛 ›
스마트 국토정보 ›
입찰표다드림 ›
서울도시계획 포탈 ›

✅ **경매정보지**

출처: 행꿈사옥션

의 80%까지가 한도이기 때문에 한도만 보면 경락잔금대출이 더 유리하다. 내 돈의 5배 되는 물건까지 가능하기 때문이다. 지금은 전고점 대비 많이 떨어진 가격이어야 그나마 거래가 되기 때문에, 실거래가나 호가가 낮다. 그러나 경매로는 현재 급매가격을 보고 수익을 역산해서 입찰하기 때문에 급매보다 낮은 가격에 낙찰된다는 것을 알아두자.

얼마나 싸게 낙찰되는지는 경쟁자들의 숫자, 현재 급매가격, 전망, 현금투입량에 따라 달라진다. 아무리 높게 낙찰된다고 해도 급매보다 높은 가격에 낙찰되는 일은 거의 없다. 5억 원 이상의 아파트에서는 1억 원 정도 싸게 낙찰되는데, 쌀 때 더 싸게 낙찰받으면 절대 손해를 보지 않는다. 7억 원까지 올랐다가 5억 원으로 떨어졌는데 4억5,000만 원에 낙찰받으면 부동산 시장이 안 좋아도 반드시 수익이 난다.

'경매로 1억 원을 싸게 사는 것'은 1억 원을 모으는 동안 올라가는 집값을 잡으면서, 1억 원을 모아야 하는 나의 노력과 수고, 시간을 동시에 잡는 일이다. 말이 1억 원이지, 이 액수는 실로 어마어마한 돈이다. 사회초년생의 재테크 성공 여부는 1억 원을 누가 더 빨리 모으느냐에 따라 결정된다. 종잣돈 1억 원으로 1억 원 싸게 낙찰받으면 자산은 바로 2억 원이 된다. 여러분이 경매에 관심을 두고 공부해야 하는 가장 큰 이유가 여기에 있다.

경매 유튜브 채널에서는 소액으로도 수익을 냈다는 등의 자극적

짠테크보다 집테크

인 영상을 찍어 올리지만, 초보가 소액으로 투자하려면 자기에게 맞는 전략을 짜야 한다. 경매에서는 종잣돈도 '실력'이기에 노력해서 돈을 모을 수 있다는 각오로 임하면 초보들도 성공할 수 있다. 2023년 1월 경매 강의에 부산에서 온 40대 주부 수강생이 있었는데, 강의 4주 만에 전고점 3억7,500만 원, 현재 최저 실거래 3억 원, 전세 2억5,000만 원~2억 7,000만 원인 아파트를 2억5,000만 원에 낙찰받았다. 이것이 그분의 첫 입찰이었다.

새벽 5시에 부산에서 서울까지 경매 강의를 들으러 온 이 사람의 각오가 어땠을지 헤아릴 때면 내 마음이 다 벅차오른다. '심심한데 나도 성공이나 해볼까?' 식의 마인드로 경매에 접근하는 사람은 각오가 덜 되어 있다고 본다. 나는 본격적으로 경매 공부를 시작한 지 1년이 좀 넘어서 첫 낙찰을 받았다. 최소한 이 정도의 시간과 노력은 필요하다. 1년에 하나 정도 받는다는 생각으로 생업을 유지하며 뛰어들면 직장인 연봉 정도 버는 건 그리 어려운 일이 아니다. 마음먹기 나름이다.

임차인이 없고 '매각으로 그 효력이 소멸되지 아니하는 것' 칸이 비어있다면 입찰해도 되는 안전한 물건이다. 이렇게 간단할 수 없다. 법원은 낙찰자가 될 수 있으면 좋은 가격으로 낙찰받아 잘 사용하기를 원한다. 그게 경매당사자들에게도 좋기 때문이다. 경매에 나오는 80% 이상의 물건에는 큰 문제가 없다고 보면 된다. 물론 사건에 따라 요목조목 따져봐야 하는 물건도 있는데 이런 물건을 입찰하기 위해

의정부지방법원 고양지원

2022타경889

매각물건명세서

사건	2022타경889 부동산강제경매 2022타경1059, 2022타경1288(중복)	매각물건번호	1	작성일자	2023.01.10	담임법관 (사법보좌관)	강우규	
부동산 및 감정평가액 최저매각가격의 표시	별지기재와 같음	최선순위 설정	2015.10.23. 근저당권		배당요구종기	2022.05.12		

부동산의 점유자와 점유의 권원, 점유할 수 있는 기간, 차임 또는 보증금에 관한 관계인의 진술 및 임차인이 있는 경우 배당요구 여부와 그 일자, 전입신고일자 또는 사업자등록신청일자와 확정일자의 유무와 그 일자

점유자의 성명	점유부분	정보출처 구분	점유의 권원	임대차기간 (점유기간)	보증금	차임	전입신고일자,사업 자등록 신청일자	확정일자	배당요구여부 (배당요구일자)
				조사된 임차내역없음					

※ 최선순위 설정일자보다 대항요건을 먼저 갖춘 주택·상가건물 임차인의 임차보증금은 매수인에게 인수되는 경우가 발생 할 수 있고, 대항력과 우선변제권이 있는 주택·상가건물 임차인이 배당요구를 하였으나 보증금 전액에 관하여 배당을 받지 아니한 경우에는 배당받지 못한 잔액이 매수인에게 인수되게 됨을 주의하시기 바랍니다.

등기된 부동산에 관한 권리 또는 가처분으로 매각으로 그 효력이 소멸되지 아니하는 것

매각에 따라 설정된 것으로 보는 지상권의 개요

비고란

재매각임, 특별매각조건으로 매수신청보증금 최저매각가격의 20%

주1 : 매각목적물에서 제외되는 미등기건물 등이 있을 경우에는 그 취지를 명확히 기재한다.
 2 : 매각으로 소멸되는 가등기담보권, 가압류, 전세권의 등기일자가 최선순위 저당권등기일자보다 빠른 경우에는 그 등기일자를 기재한다.

✅ **매각물건 명세서**　　　　　　　　　　　　　　　　　　　　　출처: 법원 사이트

많은 시간을 경매 공부에 투자하는 것이다.

· 경매 장단점

'채무자'는 드라마나 영화의 단골 캐릭터다. 때에 따라 표현이 과장되기도 하고, 잔인하고 냉정한 상황이 연출되기도 한다. 여기서는 '채무자'가 주로 약자로 묘사되는데, 현실에서의 상황은 좀 다르다. 빌

려준 사람이 오히려 약자인 경우가 많다는 것이다. 돈을 빌렸는데 제 날짜에 갚지 않고, 배 째라는 식으로 나온다면 '독촉하는 자'와 '버티는 자' 중 누가 더 나쁠까? 경매 시에는 '경제적으로 어려운 사람을 이용해 이익을 추구한다'라는 죄책감이 들 수도 있는데, 공연히 사사로운 감정에 휩싸일 필요가 없다.

만약 채무자가 강남에 빌딩을 소유하고 있다면 어떨까? 그 빌딩을 팔아서 돈을 갚아야 마땅하지만, 팔지 않고 돈이 없다고 버틴다면 어떨까? 이럴 경우, 법의 힘으로 강제로 팔아 돈을 받을 수 있게 해주는 것이 '경매'의 순기능이다. 등기된 자산이 없으면 경매로 나오지도 않는다. 부동산 자산이 없는 사람이 돈을 갚지 않는다고 경매로 나오지 않는다는 것이다. 경매가 진행될 수 있는 이유는 '부동산이 있기' 때문이다.

법에 무지한 사람이 법적인 지식을 공부해야 한다는 부담감도 있다. 법에 대해 잘 몰라도 삶을 살아가는 데 큰 문제는 없다. 그러나 법원경매는 법원에서 법의 절차대로 진행하기 때문에 생경한 단어나 용어들이 불쑥불쑥 튀어나온다. 경매가 아니었다면 평생 한 번 들을까 말까 한 그런 단어 말이다. 그것에 대한 부담감 역시 내려놓아도 좋다. 생각보다 법은 우리의 상식 근처에 있다. 용어 또한 자꾸 듣고, 사용하다 보면 금세 익숙해진다. 자연스럽게 익힌 용어들이 경매 절차 가운데 자신을 보호해주고 있다는 생각이 들면, 누가 시키지 않아도 알아서 들여다보게 될 것이다.

다음으로, '명도'에 대한 염려가 생길 수 있다. 명도는 낙찰받은 부동산에 살고 있는 소유자나 임차인, 기타 점유자를 내보내는 행위를 뜻한다. 그러나 모든 '명도'가 불쌍한 사람을 내쫓는 일이 아님을 알아둬야 한다. 앞에서 얘기한 부산의 수강생이 낙찰받은 아파트에는 할머니 임차인이 보증금 2억2,000만 원을 받지 못해 경매 신청을 했고, 임차권등기를 하고 현재는 다른 곳으로 이사 간 상태다(모두 직접 할 필요 없이, 전문 기관에 의뢰할 수 있다).

이 물건은 경매로 낙찰받은 돈에서 임차인의 보증금을 다 받으면 아무 문제가 없는 물건이었다. 낙찰자는 한 달 정도 후까지 잔금을 낼 수 있고, 그 돈에서 임차인 할머니가 보증금을 받는 것이다. 임차인 할머니는 낙찰되기를 얼마나 기다렸을까. 이분은 이미 다른 곳으로 이사 갔기 때문에 자신의 보증금만 되찾으면 비밀번호를 흔쾌히 알려 줄 것이다. 이처럼 '명도'는 아무 의미 없이 내쫓는 절차가 아니라는 것을 알아두자.

경매의 단점은 '있는 것 중'에서만 골라야 한다는 것과, '언제 낙찰이 된다'라는 보장이 없다는 것이다. 그래서 실제로 본인이 거주한다면 이사 날짜를 맞추기 어려울 수도 있다. 살고 있는 사람을 내보내야 하는 등 상황에 따라 시간이 더 걸릴 수도 있으며, 권리분석을 잘못했을 때는 경매 사고가 나기도 한다.

간혹 상속을 여러 명이 받아 소유자가 여러 명인 물건이 나온다

짠테크보다 집테크

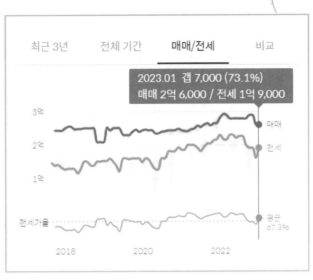

최근 3년   전체 기간   **매매/전세**   비교

2023.01 갭 7,000 (73.1%)
매매 2억 6,000 / 전세 1억 9,000

3억   매매

2억   전세

1억

전세가율 ⋯⋯⋯⋯⋯⋯⋯⋯⋯⋯⋯⋯⋯⋯⋯⋯ 평균
                                            67.3%

      2018   2020   2022

✅ **시세보다 싼 경매물건**   출처: 호갱노노

면, 그걸 나누기 위해 법원경매로 팔아 매각한다. 대출이 없는 타워팰리스가 경매로 나온 적이 있는데, 소유자들끼리 나눠야 하는데 합의점을 찾지 못하니까 법원의 중재로 경매를 진행한 사건이었다. 이런 사건은 '공유물분할'을 위한 경매라고 한다. 꼭 돈이 없거나 망했을 때만 경매로 나오는 것은 아니다.

경매의 장점은 모름지기 '언제나 시세보다 싸다'는 것이다. 서산의 한 경매 물건은 전고점에 2억9,000만 원까지 거래되었으나 아파트 가격하락으로 최근 2억6,000만 원까지 시세가 하락했다.

경매로는 2억1,000만 원에 낙찰되었으며, 이는 전에 비해 현저히 낮은 가격이다. 입찰자들이 입찰할 때는 항상 나와 있는 매물 가격보다 낮은 가격을 쓴다. 현재 협의로 살 수 있는 가격보다 비싸게 살 이유가 전혀 없기 때문이다. 경매는 임차인으로 거주할 경우에도 꼭 필요한 공부이기 때문에 시간이 될 때마다 부지런히 배우고 익히자.

2021타경57177[4] 선순위전세권		• 대전지방법원 서산지원		• 매각기일 : 2022.11.15(火) (10:00,12:00)		• 경매4계(전화:041-660-0694)	
소재지	충청남도 서산시 성연면 성연3로 76, 404동 ▮▮▮ (힐스테이트서산아파트) 도로명검색 🄼 주소 복사 구)충청남도 서산시 성연면 왕정리 712						
물건종별	아파트	감정가	280,000,000원	오늘조회:2 전체조회:78			
토지면적	57.26㎡(17.32평)	최저가	(70%) 196,000,000원	구분	입찰기일	최저매각가격	결과
건물면적	84.94㎡(25.69평)	보증금	(10%) 19,600,000원	1차	2022-10-11	280,000,000원	유찰
매각물건	토지 및 건물일괄매각	청구금액	2,000,000,000원	2차	2022-11-15	196,000,000원	매각
사건접수	2021-12-10	소유자	주OOO OOOOO	매각	매각가 210,000,000 (75%) 입찰1명 낙찰자:박O희		
개시결정	2021-12-13	채무자	주OOO OOOOO	매각	매각가 210,000,000 (75%) 입찰1명 낙찰자:박O희		
사건명	임의경매	채권자	대OOOOOOO				

✅ **경매 매각 물건**   출처: 행꿈사옥션

시험을 쳤는데 내 평균 점수가 10점이 올랐다. 내 성적이 유난히 잘 나온 거라 생각했는데 웬걸, 문제가 쉽게 나와서 다른 아이들의 평균도 모두 10점씩 올랐다. 이때 등수의 변화가 있을까? 아마 크게 달라지지는 않을 것이다. 아파트도 마찬가지다. 내가 아파트를 샀는데 5억 원이 올랐다. 분명 자산은 늘었는데, 부자가 되었을까? 다른 집도 다 5억 원씩 올랐다면 나는 여전히 부자가 되지 못했다. '부자'는 상대적인 것이다. 남들도 나만큼 자산이 늘었다면 상대적으로 부자가 된 것은 아니라는 뜻이다. 더구나 모든 집이 5억 원씩 올랐다면 이 집을 팔아 더 좋은 집, 더 넓은 평수로 이사 갈 수가 없다. 부자가 되려면 내 집만 5억 원이 오르든지, 다른 집이 5억 오를 때 내 집이 10억 원이 오르든지, 5억 원이 오른 집을 두 채 이상 갖고 있어야 한다.

'평균보다 많이 오르는 아파트 한 채 사기'와 '평균 정도 되는 아파트 두 채 사기' 중 무엇이 더 어려울까? 평균 상승률인 아파트를 고르는 것은 평범한 능력으로도 가능하다. 그러나 평균보다 많이 오르는 것은 그에 대한 인사이트 없이는 불가능하다. 평균 상승률의 아파트를 하나 더 사는 것이 쉽다는 얘기다. 그래서 틈만 보이면 주택 수를 늘리고, 어디가 더 많이 오를지 늘 관찰한다. 주택을 여러 채 갖게 되면 자신이 다 거주할 수 없으므로, 보통은 임대(전월세)를 놓는다. 천안의 한 아파트를 살펴보자.

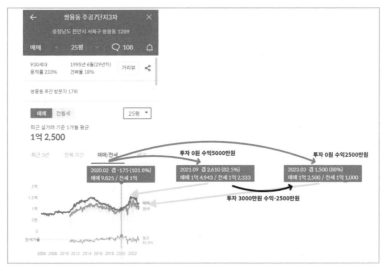

✅ 쌍용동 주공7단지 3차   출처: 호갱노노

갭투자가 뭔지 모르는 사람을 위해 갭투자에 대해 간단하게 설명하고자 한다. 일반적으로 아파트를 사려면 매매가를 다 주어야 한다. 2023년 3월, 1억2,500만 원인 이 아파트를 사려면 1억2,500만 원을 현금으로 내거나 대출을 받아 나머지를 내야 한다. 현재 비규제지역 아파트 대출 비율은 아파트 가격의 70%다. 그럴 때 1억2,500만 원의 아파트 대출 한도는 8,750만 원이며 종잣돈 3,750만 원과 대출 8,750만 원으로 1억2,500만 원짜리 아파트를 살 수 있는 것이다.

그런데 갭투자는 전세 임차인을 들이면서(현재 전세 시세 1억1,000만 원을 받고) 1억2,500만 원의 아파트를 사는 것이기에, 결국 1억1,000만 원이라는 전세 임차인의 돈과 내 돈 1,500만 원을 가지고 1억2,500만 원짜리 아파트를 살 수 있다. 대출 한도보다 전세가가 높고 내가 살지 않기에 가능한 방법이다. 이렇게 함으로써 고작 1,500만 원으로 1억2,500만 원짜리 아파트를 내 소유로 가져올 수 있는 것이다.

그렇다면 갭투자에서 수익은 어떻게 발생하는 것일까? 2020년 2월, 이 아파트의 매매가격은 9,825만 원, 전세는 1억 원이었다(믿기지 않겠지만 수치상으로는 그렇다). 매매가 급매나 사정이 있는 1층이고, 전세가 전체 수리된 로얄동·로얄층이면 전세가보다 매매가가 낮을 수 있다. 이 아파트는 부대비용 정도만 있어도, 혹은 전혀 없어도 보유 가능했다.

내 돈은 한 푼도 들이지 않고 아파트를 보유하고 있었는데 2021년 9월에 매매가 1억5,000만 원 정도까지 올라갔다. 만일 이때 전세 임차인이 있는 상태로 매도했다면 투자금 0원으로 5,000만 원의 수익을 볼 수 있다. 전세 계약기간이 만료되어 새로 계약한다면 2,000만 원을 증액할 수 있을 것이다. 투자금 0원으로 아파트에 투자했고, 팔지 않았는데도 전세 증액으로 2,000만 원의 현금이 들어오는 구조다.

그런데 2021년에 비해 아파트값이 많이 떨어졌다. 2021년에 매도하지 않고, 보유한 채로 떨어졌다고 가정한다면 2023년 3월 현재(매매 1억2,500만 원, 전세 1억1,000만 원) 시세가 떨어졌다고 해도 2020년에 샀기 때문에 산 시점보다는 조금 올랐다. 아쉽지만 2023년도에 매도한다면 투자금 0원에 수익 2,500만 원, 전세는 다시 계약한다면 1,000만 원의 현금 흐름을 만들 수 있다.

만약 2021년 최고점에 갭투자를 했다고 가정하면 매매가 1억 5,000만 원일 때 전세가 1억2,000만 원이었고, 투자금 3,000만 원으로 산 아파트가 현재 매매가 1억2,500만 원에 전세는 1억1,000만 원이므로 결국 투자금 3,000만 원이 500만 원이 되면서 2,500만 원의 손실을 보게 된다. 갭투자는 레버리지를 극대화하는 방법으로 수익도 레버리지, 손실도 레버리지로 온다는 사실을 기억해야 한다.

갭투자의 포인트는 전세가가 빠지지 않으면서 매매가가 오르는 것이다(물론 가장 좋은 건 전세가도 오르고 매매가도 오르는 것!). 전세가와 매매가가 동시에 오르는 아파트는 팔지 않아도 현금이 들어오는 구조라 보유하는 데 무리가 없다. 원래 전세와 매매는 서로 수요가 교환되기도 하기에 수요가 일정할 때 매매가가 내려가고 분위기가 좋지 않으면 전세가는 올라간다(매수하려던 사람이 전세를 선택하기 때문에).

매매가가 올라갈 것 같으면 전세를 하려던 사람들이 매수를 결정하게 된다. 전세가가 오를 것 같다고 해서 미리 전세를 잡아두지 않는다. 전세에는 가수요가 없지만, 매매는 한 사람이 여러 개의 집을 사기도 하면서 시장이 과열된다. 2022년 하반기 이후 부동산은 전국적으로 전세와 매매가 동시에 큰 폭으로 떨어졌다. 역사적으로 전국의 전세와 매매가 동시에 떨어지는 구간은 극히 드물다. 부동산 시장에서 온 충격이 아니라 거시경제에서 온 버블과 충격이기 때문이다. 자신이 가진 3억 원의 종잣돈으로, 3억 원짜리 집을 사는 것보다 더 좋은 집을 보유하고 싶을 때 갭투자 혹은 레버리지 투자를 한다.

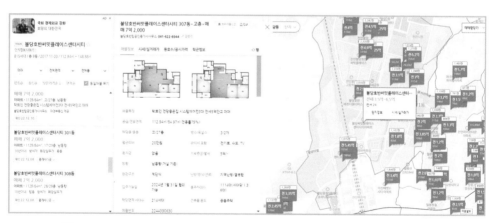

✅ 불당호반써밋플레이스센터시티   출처: 네이버 부동산

이 아파트의 전세 보증금은 5억 원이며, 2024년 1월 말까지 전세 임차인의 계약기간이 남아 있다. 매매가 7억2,000만 원인 이 아파트를 사려 하는데 담보대출이 부족하거나 원리금 상환이 부담스럽다면, 일단 2억2,000만 원을 먼저 주고 소유권을 가져온 다음 나머지 5억 원은 임차인이 나갈 때 임차인에게 바로 주는 방법도 있다. 이런 물건을 '전세안고'라 한다. 결국 2억2,000만 원으로 7억2,000만 원짜리 아파트를 '대출 없이' 살 수 있는 것이다.

✅ 나에게 맞는 갭(매매가-전세가) 아파트 찾는 법　　　　　　　출처: 호갱노노

'아실'에서 상단 [매매전세갭]을 클릭하면 갭의 금액을 정할 수 있으며, 관심 지역에 갭을 정해주면 그 범위에 있는 아파트만 표시된다.

1) 갭 가격 설정

2) 300세대 이상

3) 15평 이상

✅ **설정 후의 화면**   출처: 아실

 아파트는 평수가 너무 작거나 세대수가 적으면 그만큼 매매가 어렵다. '아실'은 갭투자를 위한 첫 번째 단계이지만, 필터에만 그렇게 보이는 건지 실제 가격이 그런 건지는 정확히 확인을 해봐야 한다.

 경기도 고양시 일산서구 탄현동의 탄현9단지일신 아파트는 현재 매매가 1억9,500만 원, 전세가 1억6,000만 원으로 소액 갭투자가 가능하다(이 단지를 추천하는 것이 아니라 원하는 갭 아파트를 찾기 위한 예를 든 거다).

• 갭투자 장단점

갭투자는 주택 수를 무한정으로 늘릴 수 있는 투자다. 임차인을 안고 거래하면 대출을 받지 않기 때문에 매매가-전세가 차이만큼의 돈만 있어도 살 수 있다. 아파트로 돈을 번 자산가 중 갭투자자가 많은 까닭이기도 하다. 매매가와 전세가만 알면 할 수 있고, 전세와 매매가 오를 지역을 추측한 후에 투자하면 된다. 적은 돈으로 여러 곳에 투자해 자산을 굴리는 것은 가장 흔한 투자 사례라 볼 수 있다.

갭투자를 전문적으로 하는 사람들은 지방투자도 많이 한다. 갭투자 아파트는 눈에 보이는 가격 그대로이기에 재개발이나 재건축처럼

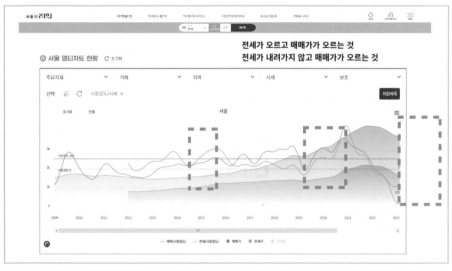

✅ 서울 멀티차트 현황 　　　　　　　　　　　　　　　　　　출처: 부동산지인

공부를 해야 시작할 수 있다거나 사업이 잘 안 돼서 힘들어질 염려가 없으며, 전매제한 같은 규제 또한 없다. 다시 말해 가격만 잘 파악하면 할 수 있는, 진입장벽이 가장 낮은 투자라는 뜻이다. 단, 전세가와 매매가가 떨어지지 않을 수 있는 조건으로 수요와 공급이 적당한 지역을 선정해야 한다. 수요 공급 빅데이터 사이트는 부동산지인을 사용하는데 부동산지인의 [지역분석] 탭에서 지역의 매매가와 전세가 흐름을 볼 수 있다.

2015년을 전후로 전세가와 매매가가 동시에 오르는 좋은 매매타이밍이 있었다. 빨간색 박스 두 번째 타이밍은 2019년 이후이며, 이때도 전세가와 매매가가 크게 올랐다. 2023년 이후 역시 전세와 매매지

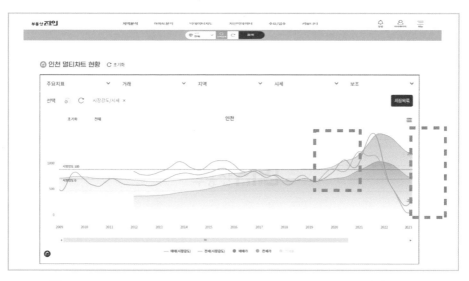

✅ **인천 멀티차트 현황**   출처: 부동산지인

수가 동시에 오는 그래프가 나올 가능성이 보인다. 경기침체가 오래 갈 수 있으나 지금까지 이런 하락은 없었기에 곧 좋은 기회가 올 것이다(역사적으로 큰 하락 이후에는 큰 상승이 있었다).

인천은 긴 조정 이후 급격하게 오르고 급격하게 빠졌다. 2025년까지 정비사업 입주 물량이 많아 매매가와 전세가가 함께 빠지는 데다 부동산 하락기를 맞아 힘든 시기를 보내고 있다. 인천의 입주는 정비사업으로 인한 물량이며 주거환경이 크게 개선되고 있는 과도기라 볼 수 있다. 조정지역 해제 이후, 인천의 택지지구 분양권과 가격이 크게 조정받은 송도아파트 거래가 활발했었다. 2025년까지 인천은 갭투자보다 실거주하는 경우에 좋은 시장이라고 생각한다.

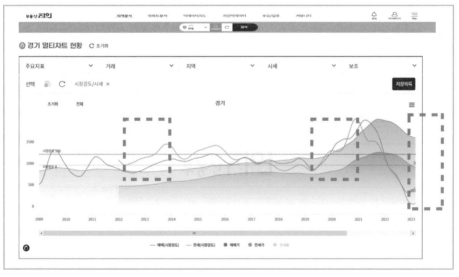

✅ **경기 멀티차트 현황**   출처: 부동산지인

경기도도 서울과 흐름이 비슷하다. 서울, 경기, 인천은 서로 수요를 주고받는 지역이기 때문에 서울에 투자한다고 서울 입주만 봐서는 안 되며, 연계 지역을 함께 봐야 한다.

전국 입주 물량 데이터상 서울보다 경기도와 인천의 입주가 더 많다. 형세를 보았을 때 2025년까지 전북, 전남, 광주는 입주 청정지역이다. 연계 지역을 알아볼 때는 호갱노노의 [인구] 탭을 활용하면 편하다.

구분(지역)	인구수	2022 아파트			2023 아파트			2024 아파트			2025 아파트		
		수요량	입주량	범례	수요량	입주량	범례	수요량	입주량	범례	수요량	입주량	범례
전국	51,421,479	260,917	357,540	초과	261,133	342,292	초과	261,097	307,436	적정	261,057	212,525	적정
경기	13,600,800	68,774	118,323	과잉	68,664	101,361	과잉	68,611	96,031	초과	68,593	52,537	부족
서울	9,427,583	48,017	35,893	부족	48,121	29,658	부족	48,114	16,889	부족	48,109	19,597	부족
부산	3,315,516	16,859	31,422	과잉	16,913	23,414	초과	16,926	14,232	적정	16,930	9,437	부족
경남	3,272,381	16,654	6,429	부족	16,708	14,989	적정	16,723	18,988	적정	16,695	18,785	적정
인천	2,971,788	14,995	44,374	과잉	14,967	48,222	과잉	14,948	26,572	과잉	14,964	26,149	과잉
경북	2,594,399	13,205	5,499	부족	13,234	10,292	부족	13,237	22,960	과잉	13,244	12,340	적정
대구	2,360,662	12,003	21,730	과잉	12,033	37,361	과잉	12,043	23,980	과잉	12,040	11,291	적정
충남	2,123,625	10,734	25,399	과잉	10,738	21,469	과잉	10,713	20,695	과잉	10,730	10,540	과잉
전남	1,814,858	9,231	8,734	적정	9,254	9,200	적정	9,256	10,185	적정	9,256	8,073	적정
전북	1,766,524	8,986	10,579	적정	9,012	7,042	부족	9,013	8,421	적정	9,013	9,158	적정
충북	1,593,434	8,081	8,263	적정	8,082	11,393	과잉	8,079	11,199	초과	8,076	12,458	과잉
강원	1,534,067	7,787	5,730	부족	7,790	6,125	부족	7,787	10,262	과잉	7,783	5,505	부족
대전	1,445,875	7,329	10,698	과잉	7,337	3,787	부족	7,342	11,552	과잉	7,342	9,073	초과
광주	1,428,927	7,259	15,515	과잉	7,273	5,808	부족	7,275	6,580	적정	7,268	2,234	부족
울산	1,108,665	5,635	4,638	적정	5,661	9,042	과잉	5,668	4,564	적정	5,671	3,480	부족
제주	677,090	3,436	521	부족	3,431	1,285	부족	3,430	493	부족	3,431	823	부족
세종	385,285	1,930	3,793	과잉	1,915	1,844	적정	1,912	3,833	과잉	1,912	1,035	부족

✅ 지역별 수요와 입주

출처: 부동산지인

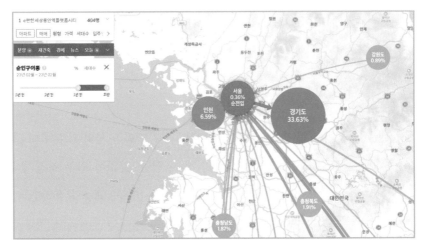

✅ **순인구 이동**

출처: 호갱노노

인구를 체크하고 자신이 보려는 지역의 원을 클릭하면 인구이동
이 나온다. 서울은 전국에서 전입이 있고 경기, 인천으로 전출을 나
가는 지역이다. 큰 원 3개는 연계 지역이므로 데이터를 함께 보아야

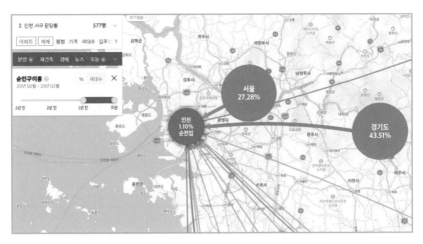

✅ **인천의 유입 정도**

출처: 호갱노노

짠테크보다 집테크

한다.

인천도 주로 서울·경기에서 인구가 유입되는 것을 알 수 있다.

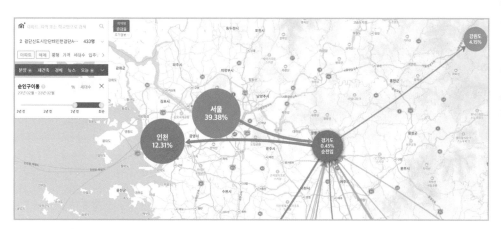

✅ **경기도의 유입 정도**

출처: 호갱노노

경기도는 서울에서 전입되고 인천으로 나간다. 역시 인구를 주고받는 지역의 흐름을 함께 보는 것이 좋다. 서울의 높은 집값 때문에, 상대적으로 저렴하면서 주거환경이 좋은 경기도로 나가고 경기도 집값이 부담스러운 가구들은 더 저렴한 인천으로 나간다고 예측할 수 있다.

나는 조선 경기에 따른 호재가 있는 거제에 관심이 많다. 하지만 현재 거제는 창원, 평택으로 인구 유출이 많고, 인구 유출이 많은 지

✅ **거제의 유입 정도**   출처: 호갱노노

역은 갭투자를 하기에 부적절하다고 볼 수 있다. 거제는 조선업과 지역이 부침을 함께하기 때문에 조선사의 수주 상황과 고용 계획 등을 알아보는 것이 좋다. 반대로 얘기하면 평택은 일자리 때문에 인구 유입이 많다는 뜻이기도 하다.

성공적인 갭투자에 앞서 지역을 선정한 후 후보지를 골라 개개의 물건을 살펴보자. 우선 입지와 집의 컨디션 자체가 좋아야 한다. 15년, 혹은 그 이상 된 아파트는 싱크대나 화장실 바닥이 비교적 낡아 있으며 전세 임차인은 자기 집이 아니기 때문에 이런 부분에 굳이 돈을 쓰려 하지 않는다. 조금 비싸더라도 애초에 관리가 잘 되어 있는 집을 선호한다는 것이다. 수리가 잘 되어 있으면 팔 때도 역시 수월하다. 참고로 집을 사면 돈을 다 줘야 수리를 할 수 있는데, 이사를 나와야 돈을 받기 때문에 수리 기간이 길게는 몇 주까지 걸린다. 이 기간을 빼는 것이 어려워 수리된 집을 더 선호한다.

소유한 주택 수가 많으면 재산세, 종합부동산세, 취득세 등을 잘 알아야 한다. 갭투자로 아파트에 투자해서 수익을 냈다면, 양도세를 반드시 내야 한다. 실거주 1채에 양도세가 전혀 없는 것과는 비교가 안 된다. 규제지역에 주택 수가 많은 경우 양도세가 중과세되므로 투자한 물건의 지역과 양도세를 고려한 후, 사고파는 순서를 정하는 것이 좋다. 그래서 공부가 필요한 것이다. 갭투자는 일종의 임대사업이므로 임대사업자에 대한 혜택이나 의무 등을 꼼꼼하게 확인하자.

갭투자자들은 적은 돈으로 집 사는 걸 좋아하는데, 심지어 매매가 9,500만 원인 아파트 전세가 1억 원인 경우도 있다. 9,500만 원에 사서 1억 원에 전세 계약을 하면 500만 원이 생기는데, 이런 투자를 흔히 '무피 갭투자'라고 한다. 자기 돈을 한 푼도 들이지 않은 투자라는 것이다.

무피 갭투자는 잘만 하면 자기 돈 없이도 수익률을 무한대로 끌어올릴 수 있으나, 주택의 가치가 낮거나 전세가가 떨어지는 경우에는 역전세를 맞을 위험이 있다. 그야말로 양날의 검인 것이다. 부동산 투자자 중 가장 환영받지 못하는 투자자가 바로 갭투자자다(전세를 올리면 전세 올린다고 욕먹고, 역전세가 나면 전세금 제대로 안 준다고 욕먹고…).

최근 3년　　　전체 기간　　　**매매/전세**　　　비교

2022.12 갭 (105.3%)
매매 9,500 / 전세 1억

1억

5천

0

전세가율

전세
매매

평균
84.2%

2008 2010 2012 2014 2016 2018 2020 2022

✅ **무피 갭투자 예시**　　　　　　　　　　　　　　　출처: 호갱노노

　　한 번도 가본 적 없는 지방 소액갭투자는 '선수'들의 영역이다. 소액이나 자기 돈 없이 아파트를 사는 건 쉽지만 그걸로 수익을 내는 건 다른 차원의 문제이기 때문이다. 사는 건 내 마음먹기 나름이지만, 파는 건 마음처럼 안 될 때가 많다. 게다가 내가 잘 모르는 지역이라면 더더욱 흐름을 놓치기 쉽다. 모르는 동네를 소액으로 사는 것 말고, 자신은 월세에 살면서 좋은 아파트를 미리 잡아두는 레버리지 투자도 있다. 나중에 들어가서 살 수도 있는 좋은 집을 대출 없이 투자하고자 한다면, 좋은 투자법이 될 수도 있다. 이쪽(?) 말로 '가방 던지기'라고도 한다.

　　갭투자는 소액으로 여러 채를 하는 데 비해 레버리지 투자는 갭투자보다 큰 금액으로 나중에 입주할 집을 미리 사놓는 성격을 띤다.

해외 파견 시 나중에 들어와서 거주할 집에 전세를 주고 투자해두는 것이 하나의 예다. 색깔은 조금 다르지만 둘 다 전세 임차인의 보증금을 자신의 자산 보유에 사용한다는 것은 동일하다.

· 갭투자 물건 선정

지역을 선정했으면 개별 물건을 살펴본다. 매매가는 내재가치와 사용 가치가 반영된 것이다. 전세가와 매매가의 차이가 적은 아파트는 투자금액이 적게 들어가지만, 내재가치가 거의 없는 아파트이다.

✅ 내재가치와 사용가치

출처: 호갱노노

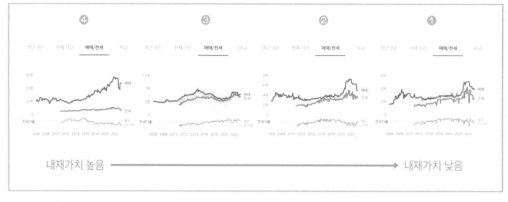

내재가치 높음 ————————————————————————► 내재가치 낮음

✅ **매매가와 전세가 패턴**   출처: 호갱노노

내재가치가 적은 아파트로 초보가 수익을 내는 건 어려우므로 조심
스럽게 접근해야 한다.

　갭투자자들은 소액으로 투자한 것을 무용담처럼 이야기한다. 사
는 건 내 마음대로 살 수 있으나 파는 건 남이 사줘야 하므로, 일이 그
렇게 간단하지 않다. 남이 사고 싶은 아파트를 사야 하는 이유도 여기
에 있다. 특히 갭투자는 타이밍과 실제 매수한 가격이 중요하다. 적은
돈으로 투자를 한다는 것에 마음이 빼앗기면 투자액은 작은데 실제
매매가가 높은 것을 사게 된다.

　아파트 ①: 전세가가 크게 출렁이고 매매가와의 갭이 적으면서,
매매가보다 전세가가 많이 떨어지는 구간도 곳곳에 보인다. 갭투자
시 투자금이 적게 들기에 선택은 쉬울지 모르나, 보유하는 동안 어려

움을 겪을 수 있는 패턴이다.

아파트 ②: 수요는 많은데 아파트가 오래되어 전세가가 낮다. 매매가의 등락에도 전세가의 동요가 거의 없어 갭투자로 보유하기에 좋은 패턴이다.

아파트 ③: 전세가가 크게 출렁이지는 않으나 비교적 외곽이고 수요가 적은 지역이라 어려움을 겪다가, 2배로 급상승하며 본래의 자리를 찾아가고 있다. 매매가보다 전세가가 낮아지는 구간이 있으면 소유자들은 큰 어려움을 겪는다. 전세가가 유지되지 않으면 낮아진 전세금 차액을 돌려줄 준비를 해야 한다.

아파트 ④: 원리금 내기 버거운 사람이 강남아파트를 사는 방법은 위에서 말한 '가방 던지기'와 같다. 2014년에 전세를 끼고 샀다면 자산이 큰 폭으로 상승했을 것이다. 입지 좋은 신축아파트는 갭으로 투자했을 때 역전세 위험이 가장 적고 시세도 많이 오른다.

매매가와 전세가의 차이를 보고 아파트의 체력을 알 수 있는데, 왼쪽은 우량한 아파트고 오른쪽으로 갈수록 변동성이 많은 아파트다. 왼쪽의 아파트는 전세가의 곡선을 그대로 타고 있으므로 내재된 가치가 거의 없고, 경우에 따라 전세가가 떨어지는 상황에서는 역전세의 위험도 있다. 급격하게 오르는 것보다 완만하게 오르는 아파트가 좋은 아파트라 볼 수 있다. 산다고 무조건 다 오르는 것이 아니다.

남들은 다 오르는데 평생 안 오르는 아파트도 있다. 온갖 잡기로 돈을 벌려고 하지 말고, 부동산의 본질에 충실하자.

호갱노노 그래프 패턴은 내가 고른 아파트의 '히스토리'를 보여준다. 과거를 봐야 미래도 꿰뚫어 볼 수 있다. 패턴이 나쁘던 아파트가 아무 이유 없이 갑자기 좋은 패턴을 보여줄 확률은 낮다. 재건축, 교통 호재 등의 이슈가 없다면 말이다. 초보자는 가치가 높은 곳에 투자해야 수익을 내지만, 고수들은 가치가 낮은 곳에 투자해도 거짓말처럼 수익을 낸다. 무리하지 않고, 자기 능력에 맞는 전략으로 승부를 보는 것이 바람직하다.

05 재건축 투자: 은마아파트의 비밀

재건축 투자는 주택투자 중에서 난도가 높은 편에 속한다(참고로 서울의 아파트는 1970년대부터 지어졌다). '네이버 부동산'에서 우측 상단 재건 축을 따로 클릭해서 선택하면 재건축 아파트만 확인할 수 있다. 서울 에서는 정비사업이나 재건축이 아니고는 주택을 공급할 방법이 없 다. 서울에 내 집을 마련하고 싶다면 재개발 재건축에 관심을 가져야 한다.

사용승인일이 1973년인 반포주공아파트는 2021년까지도 사람들 이 살았다. 1970년대에 지어진 1세대 아파트로, 4층인데 엘리베이터 가 없고 주차 공간도 부족하다. 수도, 난방 시설이 다 낡아 배관에서 는 녹물이 나온다. 중앙난방이라 세대 내에서 난방을 조절할 수도 없

✅ 네이버 부동산의 [재건축] 탭 활용

✅ 반포주공아파트

짠테크보다 집테크

다. 그래도 한강 공원을 도보로 갈 수 있고, 자립형사립고등학교인 세화고등학교가 있어 학군이 좋다. 서초구 서쪽 끝이고 한강변의 9호선과 4호선이 맞물리는 더블 역세권에 입지로는 뭐 하나 빠지는 게 없다. 단지 낡았다는 것이 큰 흠이다.

오래된 건물을 부수고 새로 짓는 것이 재건축이다. 재건축은 시간이 오래 걸려 어렵다고하지만 우리가 알고 있는 유명한 아파트, 예를 들어 아크로리버파크나 반포자이, 고덕그라시움 등의 새 아파트는 오래전부터 재건축을 진행해왔고 실제로 재건축이 되어 그 지역에서 가장 좋은 새 아파트가 되었다. 서울은 그야말로 포화상태라 빈 땅이 거의 없다. 재개발이나 재건축이 아니면 새집을 지을 수도 없는데 아파트들은 자꾸 낡아간다. 40년~50년 차 아파트가 아직 854동이나 있다. 서울은 도심을 재생하는 사업으로 아파트를 공급하므로, 새 아파트를 사고 싶다면 재건축과 재개발에 대한 기본적인 지식이 필요하다.

재건축 아파트는 가격이 높다. 다시 지어도 수익이 날 만한 곳은 아파트 가격이 원래 비싸고, 재건축이 순조롭게 진행된다면 새 아파트에 대한 기대가 가격에 그대로 반영된다. 재건축은 많은 사람의 큰 자산이 걸린 문제이기에 사업에 여러 리스크가 존재한다. 매일 뉴스에 나오는 둔촌주공아파트만 해도 많은 사람의 관심을 받고 있고, 공사 진행 상태나 분양에 늘 이슈가 따라다닌다. 쉽게 말해, 새 아파트는 아이돌이다. 인기가 많은 새 아파트는 일거수일투족, 관심의 대상이 된다.

    남의 집이 5억 원 오를 때 자기 집이 10억 원 올라야 부자가 된다
고 했는데, 재건축은 비교적 그 구조를 확실히 만들어낼 수 있는 투자
다. 다른 일반 주택의 상승분과 함께, 오래된 집이 새집이 되면서 꽤
나 드라마틱한 변화를 겪는다. 달라진 외형만큼이나 시세의 변화도
크다는 것이다. 세금 혜택도 빼놓을 수 없다. 재건축은 진행이 까다롭
고 리스크가 크기에 그에 따르는 대가도 크다. 부동산 뉴스에 늘 오르
내리는, 강남 재건축의 상징처럼 여겨지는 '은마아파트'는 2003년 추
진위원회 승인 이후 20년 동안 조합도 설립되지 않았다.

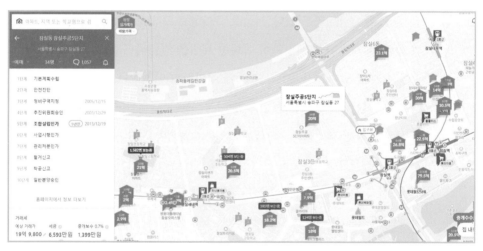

✅ **잠실주공 5단지**   출처: 호갱노노

    만만치 않은 아파트로 잠실주공5단지가 있다. 2005년 정비구역
지정 이후 2013년에 조합이 설립되었는데, 아직 사업시행인가 단계를
준비 중이다. 재건축 진행이 오랫동안 미뤄져서 시세가 안 올랐을까?

그렇지 않다. 사람들은 재건축 진행이 안 되면 시세가 오르지 않을 거라 생각하는데 현실은 그렇지 않다. 진행이 안 되면 사업 자체가 불안한 재개발과는 달리 재건축은 사업 진행 여부와 관계없이 미래 가치가 예측된다. 주변의 새 아파트가 곧 이 아파트의 미래 모습이기 때문이다.

또한 입지가 좋은 곳일수록 재건축될 확률이 높다. 건물은 낡았는데 입지가 좋은 곳에서 오래도록 실거주하기도 하고, 여력이 돼서 재건축 아파트는 임대하고 자신은 다른 곳에 거주하기도 한다. 재건축 아파트에 투자한다면 투자금과 진행 속도를 함께 보는 것이 좋다. 재건축에서는 속도가 곧 돈이기 때문이다. 비슷한 입지의 아파트 시세를 가지고 투자할 아파트 시세를 예측하면 어느 정도 답이 나온다.

주변 기축 아파트와 아주 낡은 잠실주공5단지는 가격이 비슷하다. 얼핏 생각하면 덜 낡은 아파트를 고르는 것이 좋다고 느낄지 모르지만, 지금 불편하더라도 같은 가격이라면 앞으로 가장 좋은 아파트가 될 것을 선택하는 것이 투자자의 안목이고 비전이다. 잠실주공5단지는 사업시행인가 마지막 과정을 진행하고 있으며 재건축된다면 이 지역 랜드마크가 될 것이다.

재건축 아파트도 헌 집 주고 새집을 받는다. 헌 집의 가격을 감정평가하고, 새집의 가격은 조합원분양가로 결정되면 헌 집과 새집의 가격 차이만큼 더 내든 돌려받든 하게 된다. 잠실주공5단지는 대지지

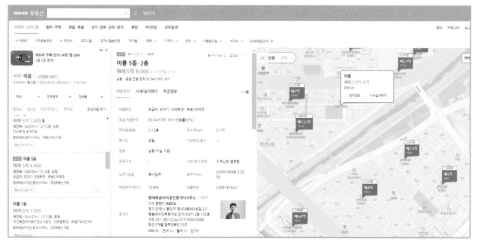

✅ 안양시 동안구 비산동 미륭아파트 5동

출처: 네이버 부동산

분이 많아 분담금 없이 새 아파트를 받는다. 안양 미륭아파트는 1979
년에 지어진 오래된 아파트로 조합설립이 되어 있다. 현재 전용 면적
82.68㎡인 예시의 아파트는 매매가 5억5,000만 원에 나와 있는데, 분
담금 2억 원을 더 내면 호반건설에서 짓는 새 아파트 59B를 받을 수
있다.

오래된 아파트를 주고 새 아파트를 받는 식인데, 대지지분이 많은
아파트는 분담금이 적거나 없다. 현재 매매가격 5억5,000만 원에 분담
금 2억 원을 부담하면 총매매가격 7억5,000만 원에 사게 되는 것이다.
같은 입지의 비슷한 아파트를 찾아 비교해보면 이익인지 불이익인지
가늠해볼 수 있다. 마침 딱 붙어있는 새 아파트가 보인다. 2021년 11월
부터 입주한 아파트의 전용면적 59㎡가 매매가 8억5,000만 원에 나와

있다. 미륭아파트가 새 아파트가 되는 시점에는 평촌래미안푸르지오보다 연식에서 앞설 것이다.

비슷한 입지인 래미안푸르지오보다 낮은 가격에 신축을 미리 산다는 점에서 우선 메리트가 있어 보인다. 재건축은 조합설립-사업시행인가-관리처분인가-이주-착공-입주의 단계를 거치는데 조합설립에서 입주까지 빠르면 10년, 늦으면 15년~20년도 더 걸릴 수 있다. 재건축은 진행이 빠를수록 프리미엄이 높고, 초기일수록 프리미엄이 낮다. 대가를 시간으로 치를 것인지 돈으로 치를 것인지는 스스로 결정해야 한다.

✅ 평촌래미안푸르지오   출처: 네이버 부동산

	평촌래미안푸르지오	미륭아파트
평수	59㎡	59㎡ (신청 매물)
가격	8억 5,000만 원	5억 5,000만 원 (+2억 원)
세대수	1,199세대	702세대
브랜드	래미안푸르지오	호반건설
연식	2021년 11월 입주	이주 중
입지	++	++

재건축 아파트에 실거주하면 그 시간이 고통스럽다. 임대를 놓고 다른 곳으로 이사 가려 해도 너무 낡아, 원하는 만큼의 임대료를 받을 수 없어서 주변의 새 아파트에 전세로 들어갈 수도 없으니 말이다. 갭투자로 아파트를 보유할 때 돈이 많이 드는 게 재건축이다. 재건축에 속도가 중요한 것은 바로 이런 이유 때문이다.

• 재건축 투자 장단점

오래된 아파트를 주고 새 아파트를 받는 게 쉽다면 누가 못 하겠나? 재건축은 조합원들의 자산을 가지고 하는 주택개발 사업인 만큼 사업 예상 기간, 건축비, 분양가, 사업 운영비, 짓는 동안의 부동산 시세 등을 다방면으로 알고 있어야 한다.

오래된 아파트 소유자들의 아파트를 재료로 새 아파트를 만드는 것, 이것이 재건축이다. 가령 500명의 집을 모아 새로 500채를 지으면 소유자들이 하나씩 나눠 갖는데, 새 아파트를 짓는 데 들어가는 비용

짠테크보다 집테크

과 짓는 동안 다른 곳에서 거주하는 비용이 들기 때문에 땅의 용도지역에 맞춰 조합원 수보다 더 많은 집을 지어 남는 집을 일반인들에게 청약으로 분양한다. 그러면 일반 분양을 받는 사람들이 내는 분양대금을 공사비에 보탤 수 있다. 헌 집 주고 새집을 받을 때 헌 집의 가격과 새집의 가격이 같으면 그냥 받을 수 있고, 비싼 집(권리가액)을 주고 싼 집(조합원분양가)을 받으면 돈을 돌려받기도 한다. 싼 집을 주고 비싼 집을 받으면 앞에서 말한 차액만큼의 '분담금'을 내면 된다.

오래된 아파트를 부수고 새 아파트를 짓는다면, 건물은 어차피 부술 것이기 때문에 땅(대지지분)을 재료로 제공한다. 그래서 재건축 아파트는 대지지분이 중요하다. 아파트에 속해 있는 땅의 지분이 재건축의 핵심이다.

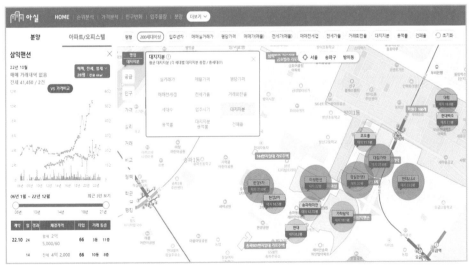

✅ '아실'에서 대지지분 확인하기

출처: 아실

'아실' 사이트에서 대지지분을 확인할 수 있는데, 서울에서는 34평 아파트 대지지분이 평균 13평이며, 13평보다 넓어야 재건축하기에 수월하다. 예시의 송파구 아파트들은 20평 내외인 것을 확인할 수 있다. 재건축 아파트의 가격은 대지지분의 많고 적음에 따라 감정평가가 달라진다. 재건축 아파트는 가치에 비해 전세가가 낮은 편이다. 낡았기 때문이다. 그래서 전세를 놓으면 투자금이 많이 들고, 본인이 거주하면 낡은 집이 주는 불편함을 고스란히 감당해야 한다. 재건축의 단계가 비교적 많이 진행되었다면 잠깐 고생한다 생각하고 어떻게든 참을 수 있지만, 앞의 예시처럼 오래 걸린다면 굉장히 힘들어질 수 있다.

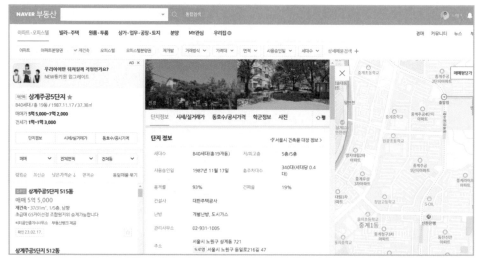

✔ 상계주공 5단지

출처: 네이버 부동산

짠테크보다 집테크

서울에서 택지지구로 역세권이면서 낮은 시세의 재건축 아파트로 상계주공아파트가 있다. 상계주공아파트는 연식이 오래된 단지가 모여 있어 재건축 이슈가 항상 발생하고, 거주하기에도 편리하다. GTX 개통 이슈와 창동역세권 개발사업뿐만 아니라 낡은 아파트 재건축도 추진 중이라 사회초년생에게 가장 현실적인 재건축 투자라고 볼 수 있다. 재건축을 공부하고 싶다면 상계동을 기점으로 먼저 시작해보길 권한다.

06 재개발 투자:
'관리처분인가' 시점을 노려라!

재개발과 재건축은 언뜻 비슷하게 들리나 진행 절차에 차이가 있으며, 재건축보다는 재개발의 투자 난도가 더 높은 편이다. 재건축은 토지와 땅을 동시에 가지고 있어야 아파트를 얻을 수 있는데 재개발은 토지나 건물, 심지어는 도로를 소유하고 있어도 아파트를 얻을 수 있어 투자 대상이 다양하고 투자하는 재미가 있다. 재개발은, 실제로 거주하기 힘들 정도로 낡은 곳이 많다.

인천 전도관 구역의 지붕 없는 폐가 사진이다. 아직도 서울 수색동이나 흑석동, 중계동에는 낡고 오래된 집이 많다. 이런 지역에는 아파트만 지어서는 살 수 없고, 늘어나는 인구에 맞춰 도로나 공공기관(주민센터, 소방서 등)을 함께 지어야 한다. 주민들이 집을 지을 수 있도록 행

✅ **전도관 구역의 지붕 없는 폐가**   출처: 나땅

정지원을 받는 대신 주변 정비에 필요한 땅을 제공하게 되는데, 이것을 '기부채납'이라고 한다.

재개발은 일대를 다 부술 때 주민센터나 소방서 등이 들어설 수 있게 하고, 주변 도로를 넓힌다. 공공이익의 목적도 있어서 세대수 대비 일정한 세대를 임대주택으로 내놓아야 한다. 소유자들의 이익을 도모하는 재건축과 달리 재개발은 가장 낡은 곳을 정비하면서 도심을 재생하고, 동시에 주변 거주자들에게도 공공인프라를 제공하는 효과가 있다.

DMC롯데캐슬 더퍼스트 아파트는 재개발로 지은 아파트인데 아파트 주변으로 근린공원과 주민센터, 소방서 등이 들어서 있다는 것을 알 수 있다.

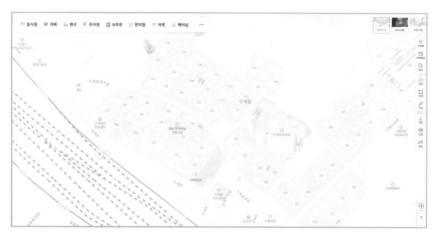

✅ DMC롯데캐슬 더퍼스트 아파트의 주변 환경   출처: 네이버 부동산

재개발은 재건축보다 다양하고 많은 이해관계인이 얽히기 때문에
분쟁도 많이 일어난다. 일반적으로 영업장이나 큰 물건을 가진 경우
불리하다. 통건물로 영업하거나 월세 받고 잘 지내고 있는데 아파트
한 채나 1+1, 혹은 상가를 준다고 좋아할 사람은 별로 없을 것이다. 한
예로 김포의 한 재개발 구역은 구역 안에 있는 모텔 때문에 소송까지
도 갔었다. 서로 다른 입장 때문에 벌어지는 일이다.

재개발은 재건축보다 어려운 사업이지만, 적은 투자금으로 큰 수
익을 낼 수 있다. 내가 아는 어떤 사람은 아무것도 모르던 신혼 때 청
약통장을 깨버리고 후회하며 살다가 녹번동에 재개발 빌라를 4억 원
에 사들였다. 부동산이 상승기를 맞고 사업이 잘 진행되어 4억 원에

산 빌라가 15억 원 아파트가 되면서 갑자기 순자산이 늘게 되었다. 실거주하여 양도세 비과세까지 받아 이 자산으로 강동에 재건축 아파트를 또 사들였다. 청약통장을 깨는 실수를 완전히 만회한 것이다.

유명 정치인이 재개발 투자로 구설수에 오르는 걸 보면 재개발 투자가 좋은 투자인 것은 틀림없다. 부자들이 하는 재테크는 대부분 검증된 것이기에, 그들을 따라 하는 것도 하나의 방법일 수 있다. 정치인은 토지 투자와 재개발투자, 연예인은 빌딩 투자를 주로 한다.

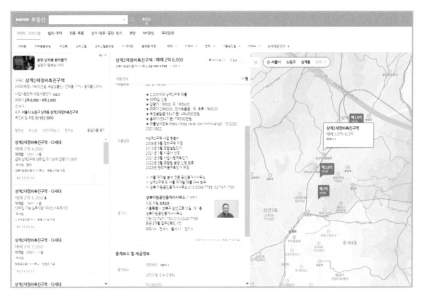

✅ 상계재정비촉진구역 매물   출처: 네이버 부동산

서울에서 가장 낮은 투자금액으로 진입할 수 있는 상계재정비촉진구역의 매물이다. 2022년 8월 조합원 분양신청 완료 후 관리처분인

가를 준비하고 있으며, 관리처분인가가 나면 곧 이주와 철거를 하게 된다. 관리처분인가는 재개발 과정 중 8부 능선을 넘은 것으로 보고, 불확실한 사업 기간과 분양가, 권리가액, 입주 시기 등이 가시권에 들어온 것으로 간주한다. 재개발 초보는 관리처분인가를 전후로 투자하는 것이 바람직하다.

이 매물은 감정평가 1억600만 원인 것을 프리미엄 1억5,400만 원을 주고 사는 것이다. 전세 임차인이 있어서 현재 전세 1억 원을 안고 1억6,000만 원의 현금이 있으면 투자 가능하다. 헌 집의 가격이 1억600만 원인데 새집의 분양가는 5억 원대이기 때문에 4억4,580만 원의 분담금을 더 내면 새 아파트를 받을 수 있다. 분담금은 대출이 되기에 대출 조건을 알아보는 것이 좋다.

지금 내는 돈과 나중에 내야 할 돈을 다 계산해보면 59㎡ 상계동 아파트를 7억580만 원에 사는 꼴이 된다. 아직 관리처분인가 전 단계라서 입주는 5년 이상 걸릴 것이기 때문에 미래의 새 아파트를 7억 원에 사는 셈이다. 재개발은 백화점의 '기간 한정 세일'처럼 지금 당장 사용할 수 없는 물건을 나중을 위해 저렴하게 사는 것이다.

· 재개발 투자 장단점

초보의 재개발 투자는 관리처분인가 단계 이후를 권장한다. 사업 지연, 조합원 분양가 문제, 정책 규제 등 일반 아파트 투자가 갖는 리스크 외에 다른 리스크들이 더 생겨나기 때문이다. 관리처분인가 이후에는 분양가가 확정되고 입주 시기가 분명해져서 리스크가 어느 정도 제거되므로, 초보는 관리처분인가 단계가 끝난 시기를 노리는 것이 좋다.

✅ **재개발 사업절차**   출처: 나땅

재개발 투자금은 뒤로 갈수록 많아지기 때문에 초보는 자신의 능력에 맞춰 투자금이 적게 들어가는 초기 재개발에만 관심을 갖거나 혹은 소문만 듣고 투자하게 된다. 이는 투자의 실패를 앞당기는 지름길이 될 수도 있다. 재개발뿐만 아니라 모든 사업에는 그에 마땅한 리스크가 존재한다. 거주 주택이 우선 해결이 되고, 돈이 장기적으로 묶여 있어도 상관이 없을 때 이 재개발 투자는 빛을 발한다. 초보가 전 재산을 들고 뛰어들기에는 다소 무리가 있다는 것이다. 대신 투자의

난이도만큼 수익도 크기 때문에, 재개발 투자는 아파트 투자 이후에 도전해보는 것이 좋다.

극단적으로 4,000만 원짜리 18㎡ 도로에 투자한 투자자가 있었다. 수원의 팔달 재개발 구역 안에 있는 조합원 물건이었는데 수도권 상승장을 맞아 프리미엄만 1억8,000만 원이 되었다. 4,000만 원을 투자한 이 투자자는 관리처분인가 시점에 2억2,000만 원에 매도했다. 서울과 인천은 토지만 가지고 있을 경우 90㎡ 이상이어야 분양 조합원 자격을 주지만 경기도는 그런 조례가 없어 1㎡로도 입주권이 나오는 사례가 있다. 새 아파트 조합원이 되면 그 프리미엄이 수억 원까지 가기도 해서, 잘만 하면 투자의 재미를 톡톡히 볼 수 있다.

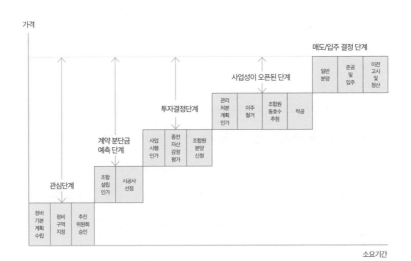

✅ **사업 단계별 가격과 소요 기간**   출처: 네이버

07 | 자산별 투자 모의실험:
6,000만 원부터 5억 원까지

▣ 6,000만 원 이하

1) 실거주: 대출 80%가 되면 3억 원까지 매매 가능

현재 2021년 전고점 전세가만큼 매매가가 떨어진 지역들이 있다. 전세가가 3억2,000만 원이었는데 매매가가 3억 원대로 내려온 것이다. 전고점 전세를 놓은 소유자들은 전세가가 빠진 만큼 추가로 현금을 토해내야 하는 상황이고, 매수는 약하다 보니 전고점 전세 금액에 집을 마련할 수 있는 기회가 생긴다. 아래의 아파트는 7호선 역세권으로, 전고점 전세 3억 원이었으나 최근 실거래 2억4,400만 원을 기록했다.

✅ 전고점과 최근 실거래가

출처: 호갱노노

인천	부천	안산	고양	산본
1호선 간석 • 간석우성1차	7호선 부천시청 • 중동금강마을 • 덕유마을 주공3단지	신안산선 성포 (예정) • 월피주공2단지 • 중앙주공 • 성포11단지	경의중앙선 백마 • 백송마을 8단지선경	4호선 산본 • 주공퇴계1단지 • 주몽주공10단지
7호선 산곡역 • 한화아파트 2단지 • 두산위브더파크 • 청천푸르지오 • 부평금호타운	1호선 송내 • 반달마을동아	서해선 선부 • 산호한양 • 공작한양 4호선 고잔역 • 그린빌13단지	경의중앙선 강매 • 샘터마을2단지	

✅ 매매가 3억 원 이하 시세 그루핑 (18평 이상)

시세 그루핑 순서

① 지역 과거 흐름 비교

② 상대적으로 높은 가격밴드 지역 선정

③ 해당 단지 아실 [여러단지비교]로 과거 시세 흐름 비교

④ 상대적 가격 비교

⑤ 시세 반영이 되지 않은 호재, 선호하는 지역 등 고려

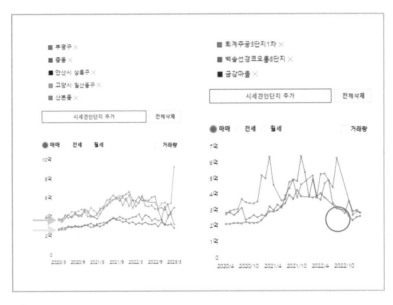

✓ 지역별 3개 아파트 비교(최근 3년)   출처: 아실

가격만 갖고서 지역과 단지를 뽑아보았다. 3억 원 이하로 역세권인 단지를 보이는 대로 적었더니 고양시 일산동구/부천시 중동/인천

부평구/안산시 상록구/군포시 산본동이 나왔다. 시세 밴드로는 고양시 일산동구/부천시 중동/군포시 산본동이 높은 시세를 유지하던 지역이다. 이 지역에 해당하는 단지를 개별로 비교해본다. 백송마을 코오롱 8단지-금강마을-퇴계주공 3단지 1차 순으로 가격이 흘러왔다. 현재 고려하고 있는 매물의 시세를 그래프에 찍어보면 상대적으로 가격이 좋은 지역을 고를 수 있다(안산 상록구는 신안산선 호재가 있는 지역이다).

2) 청약: 분양가 5억 원까지 가능, 청약홈에서 분양주택에 관련 정보 확인

계약금이 얼마인지 확인하고 입주하지 않을 단지라면 전매가 되는 기간이 언제인지 확인해야 한다. 입주자 모집공고문을 잘 읽어보는 것이 좋다. (예시의 한신더휴 조치원은 59㎡를 3억 원대에 분양하기 때문에 3,000만 원

✔ 청약홈 분양주택 확인

출처: 청약홈

대로 계약금 납부 가능)

입주자모집공고 정보

* 공급세대수는 사업주체의 최초 입주자모집 공고문 기준입니다. 특별공급 신청 미달 시 잔여물량은 일반공급으로 전환됨에따라 일반공급 세대
  수가 변경될 수 있으므로 최초 일반공급 세대수는 일반공급 신청일에 '청약접수 경쟁률'에서 확인 또는 사업주체에 문의하시기 바랍니다.
* 주택형=주거전용면적(type이 있는 경우 type포함)

□ 공급금액, 2순위 청약금 및 입주예정월

공급금액(단위:만원)

주택형	공급금액(최고가 기준)	2순위 청약금
059.8517	32,787	
065.9990A	35,890	청약통장으로 청약(청약금 없음)
065.9706B	35,890	

* 입주예정월 : 2024.10
* 층별(동호수별) 세부 공급금액은 사업주체의 입주자모집 공고문을 참고하시기 바랍니다.

□ 기타사항

시행사	시공사	사업주체 전화번호
교동아파트재건축정비사업조합	한신공영(주)	044-865-1650

* 시행사 및 시공사가 여러 업체인 경우 한 업체만 표시됩니다.
* 기타 자세한 모집공고문 내용은 사업주체 홈페이지 및 구청 게시판 등에 게시된 내용을 참고하시기 바랍니다.

닫기   인쇄하기

✓ **입주자모집 공고 정보**   출처: 청약홈

3) 분양권: 분양가 10% + 프리미엄까지 5,000만 원인 곳 가능,
네이버 부동산에서 매매가 3억 원 이하 아파트 분양권으로 설정하
여 검색

✅ **네이버 부동산 설정 검색**

출처: 네이버 부동산

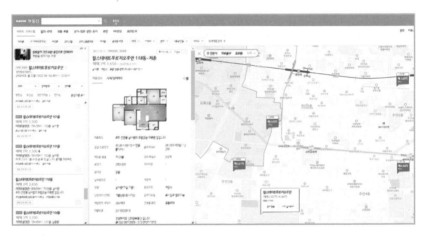

✅ **네이버 부동산 설정 검색**

출처: 네이버 부동산

4) 경매: 낙찰가 2억5,000만 원까지 가능, 옥션 사이트에서 주거용 중 최저가 2억 원 이하로 설정하고 지역 선택

짠테크보다 집테크

✅ **행꿈사옥션 설정 검색**

5) 갭투자: 갭 5,000만 원까지 가능, '아실'에서 매매-전세 갭
5,000만 원 이하로 설정

✅ **아실 설정 검색**

6) 재개발: 초기 투자금액 5,000만 원까지 가능

재개발은 총매매가격으로 표기되기 때문에 초기 투자금액 5,000만 원 이하로 따로 검색해야 한다. 부동산 초보는 소액으로 재개발 초기구역은 피하는 것이 좋으며, 앞서 말했듯이 부동산 초보는 관리처분인가 이후 단계에 투자하는 것이 바람직하다.

	지역1	지역2	지역3
실거주			
청약			
분양권			
경매			
갭투자			

자신이 필터링한 물건을 기록해 보고 실제로 가보자. 공인중개사도 들러 동네를 천천히 둘러보면서 최소한 3개 지역 정도는 비교해 보자.

2 1억 원 이하

1) 실거주: 대출 80%가 될 때 매매 5억 원까지 가능

5억 원대는 서울에도 아파트를 살 수 있으며, 경기도나 인천으로 눈을 돌리면 20평대의 집도 가능하다. 네이버 부동산에서 가격을 4억

원~5억 원 이하 매매, 세대수 일정 세대 이상으로 설정하면 좋지 않은 물건을 걸러낼 수 있다. 종잣돈 1,000만 원은 5,000만 원을 움직이는 힘이 있으며 5,000만 원과 1억 원 앞에는 전혀 다른 선택지가 놓여 있음을 기억하자. 이것이 레버리지의 힘이다.

✓ 네이버부동산 설정 검색   출처: 네이버 부동산

필터로 현재 매물 기준 4억 원~5억 원인 지역을 검색한다. 서울은 5억 원대부터 진입할 수 있다.

매전 히스토리 그래프를 보았을 때 전세가 4억6,650만 원이었던 이 단지는 현재 실거래 평균 4억 원이다. 이 역시 7호선 역세권인 지역으로 매매 시세가 지나치게 많이 빠진 것은 아닌가 하는 생각이 든다.

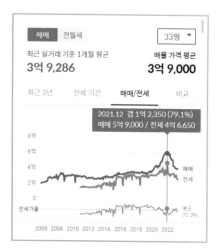

| 매매 | 전월세 | | | 33평 ▼ |

최근 실거래 기준 1개월 평균
3억 9,286

매물 가격 평균
3억 9,000

최근 3년　　전체 기간　　**매매/전세**　　비교

2021.12 갭 1억 2,350 (79.1%)
매매 5억 9,000 / 전세 4억 6,650

8억
6억
4억 ── 매매
2억 ── 전세
0
전세가율 ── 평균
72.3%

2006 2008 2010 2012 2014 2016 2018 2020 2022

✅ **매전 히스토리 그래프**　　　　　출처: 호갱노노

광명	하남	수원		시흥	서울
7호선 철산 • 하안주공 9단지 • 하안주공 1단지	**5호선 검단산** • 백송한신	**1호선 화서** • 화서주공4단지 • 백설마을5단지 • 백설5단지코오롱		**월판선 장곡(예정)** • 숲속마을1단지 • 연성대우3차	**1호선 도봉** • 도봉서원
		수인분당선 매탄권선 • 주공그린빌5단지 • 매탄임광		**수인분당선 월곶** • 풍림아이원2차 • 풍림아이원3차	**7호선 마들** • 상계주공 16단지

인천	부천	안산	고양	산본
1호선 부평 • 부평동아 아파트	**7호선 부천시청** • 한라뜨란채3단지 • 한라뜨란채1단지 • 덕유주공2단지 • 미리내 은하수타운	**4호선 초지** • 푸르지오메트로 • 푸르지오파크	**3호선 화정** • 은빛마을11단지 부영 • 별빛마을8단지 부영	**4호선 산본** • 충무주공2단지 • 세종주공6단지 • 율곡주공3단지
7호선 산곡 • 금호이 마운트벨리 • 한화1단지		**4호선 중앙** • 중앙주공9단지 • 예술인아파트	**3호선 마두** • 호수마을현대 2단지	

				3호선 주엽	
인천 2호선 가정				· 문촌마을8단지	
(7호선 예정)				동아	
· 루원e편한세상		1호선 송내	4호선 상록수		
하늘채		· 반달마을동아	· 본오동우성		
· 포레나루원시티		· 반달마을건영		경의중앙선 일산	
		· 반달마을선경		· 후곡15단지건영	
검단신도시				· 후곡11단지주공	
· 한신더휴캐널파크					
· 디에트르더힐					
· 로제비앙라포레					
· 모아엘가그랑데					

✅ 매매가 4억 원 이하 시세 그루핑 (18평 이상)

✅ 단지 비교   출처: 아실

시세 그루핑 순서는 3억 원 이하일 때와 같다.

해당 단지가 있는 지역을 비교하니 신장동^(하남)-상계동^(서울)-하안동(광명)-화서동(수원)-장곡동(시흥)의 순으로 가격밴드를 형성하고 있다. 장곡동은 현재 교통 호재가 많아 시세 상승의 요소가 있다. 특히 과거에 많이 올랐다가 상대적으로 더 떨어진 지역이나 미래 가치를 기대할 수 있는 지역을 중심으로 살펴보자. 본인의 생활반경 등을 고려해 약간의 기본지식과 데이터를 활용하면 객관적인 근거로 전문가처럼 좋은 지역을 골라낼 수 있다. 내가 부자 되는 데 나보다 더 적극적일 수 있는 사람은 없다.

서울	광명	안양	고양	구리
7호선 노원 • 상계주공4단지	**7호선 철산** • 도덕파크타운 2단지 • 하안주공 1단지 • 아크포레자이위브	**4호선 평촌** • 초원7단지부영 • 관양동공작부영 • 한가람신라	**3호선 주엽** • 강선7단지삼환유원 • 강선8단지럭키롯데	**경의중앙선 구리** **(8호선 예정)** • 인창주공4단지 • 럭키 • 토평주공
1호선 석계 • 석관동두산			**3호선 화정** • 별빛9단지코오롱 • 한일기산 • 별빛8단지부영	
7호선 남구로 • 구로두산				

✅ **매매가 5억 원 이하 시세 그루핑 (18평 이상)**

5억 원 이하는 '4억 원 이하'에서 나온 지역의 넓은 평형, 혹은 서울까지도 가능하다(2023년 2월 실거래 기준). 이같이 자기가 가진 돈으로 갈 수 있는 지역과 상품을 꼭 집어 나열한 후, 그중 가장 좋은 동네부터 돌아보는 것이 좋다. 아실 [여러단지비교]로 상대적 가격의 높낮이를 비교해보자. 시세를 아는 것, 이것이 공부의 첫걸음이다. 후보 아파트의 원리금을 감당할 수 있다면 내 집 마련을 해도 된다.

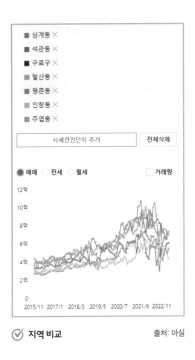

■ 상계동 ✕
■ 석관동 ✕
■ 구로구 ✕
■ 철산동 ✕
■ 평촌동 ✕
■ 인창동 ✕
■ 주엽동 ✕

시세견인단지 추가　　　전체삭제

◉ 매매　○ 전세　○ 월세　　　　□ 거래량

12억

10억

8억

6억

4억

2억

0
2015/11　2017/1　2018/3　2019/5　2020/7　2021/9　2022/11

✅ 지역 비교　　　　　　출처: 아실

　　같은 방법으로 접근 가능한 지역을 먼저 골라 과거 흐름을 읽고, 상위밴드의 아파트 단지를 직접 비교하면 평촌동(안양), 석관동(서울), 철산동(광명)이 높은 시세를 유지하고 있음을 알 수 있다. 개별 아파트로는 구로두산, 강선7단지삼환유원의 가격하락 폭이 컸다. 그래프 통계는 항상 과거만을 보여주기 때문에 미래의 시세를 예측할 수는 없다. 다만 상대적으로 어디가 더 좋은 지역인지 판단하는 근거로는 유용하다. 여기에 앞으로의 변화를 함께 고려하면 금상첨화가 될 것이다. 구리의 인창주공아파트는 8호선 개통을 눈앞에 두고 있다. 8호선 개통 이후 시세가 퀀텀 점프할지 일반적인 흐름을 보일지 예측해보자.

2) 분양권: 매매가 5억 원 이하 중 1호선 역세권 분양권도 보임

✅ 네이버부동산 설정 검색   출처: 네이버 부동산

3) 경매: 최저가 4억 원 이하 아파트로 검색하면 꽤 많은 아파트가 경매로 진행 중임을 알 수 있음

재건축이나 재개발은 지방의 경우 1억 원으로도 가능하다. 마찬가지로 필터링한 물건을 직접 보고 분석하자. 이 작업을 반복하다 보면 어떤 물건이 좋은지 감이 올 것이다. 연애를 많이 해본 사람이 좋은 사람을 만날 가능성이 큰 것처럼, 부동산도 현장을 많이 가본 사람이 좋은 집을 구할 확률이 높다.

✅ 행꿈사옥션 경매물건 검색

✅ 물건 리스트

	지역 1	지역 2	지역 3
실거주			
청약			
분양권			
경매			
갭투자			
재건축			
재개발			

Part 4

봐도 봐도 헷갈리는
'세금' 집중 분석

부동산은 기본적으로 주택의 개수에 따라 세금이 달라지며, '세금'에서 세대의 개념은 매우 중요하다.

"선생님, 저는 제 이름으로 된 주택이 없어요. 남편 이름으로는 한 채가 있고요. 그럼 저는 무주택인가요?"

실제로 받은 질문 가운데 하나다. 세대에 대한 개념이 올바르지 않기에 할 수 있는 질문이다. 세법에서는 주택을 소유한 본인, 그리고 그와 같은 세대별 주민등록표에 기재되어 있는 가족들을 한데 묶어 '1세대'로 본다. 배우자와 자녀뿐 아니라 부모님도 같은 집에 산다면 (같은 세대별 주민등록표에 기재되어 있다면) 기본적으로는 같은 세대로 여긴다는 것이다.

예를 들어보자. 한 부부가 아기를 낳았다. 그러면 엄마, 아빠, 아기가 한 세대가 된다. 그 아기가 자라 스무 살이 되었다. 스무 살짜리 대학생이 집이 필요할까? 아직은 본인의 소득이 없고 부모와 함께 살기에 따로 집이 필요하지는 않다. 학교와 집이 멀어 자취방을 구했다면 집이 필요할까? 위와 같은 이유로 여전히 집은 필요한 대상이 아니다. 아이가 스물일곱 살이 되어 취직을 했다. 출퇴근 문제로 회사 근처로 집을 구했는데, 집이 필요할까? 이때는 필요하다.

이십 대의 자녀가 소득이 있다면 그때부터는 별도의 세대로 인정이 된다. 30세 미만(미성년자 제외)이면 국민기초생활 보장법상 중위소득의 40% 이상이 되어야 하고, 이 금액이 2023년에는 1인 가구 기준 월 83만 원이었다(금액은 매년 달라진다). 만 18세 이상 성인이 한 달 평균 80만 원 정도는 벌어야 독립적으로 생활이 가능할 것으로 보는 것이다.

다른 집은 딸이 있다. 스물일곱 살이고, 취직을 했는데 부모랑 같이 산다. 그럼 집이 따로 필요할까? 아니다. 성인이지만 부모와 함께 사는 사회초년생은 아직 집이 필요하지 않은 것으로 본다. 그렇게 서른이 넘었고 결혼할 생각이 없다. 마흔 살, 쉰 살이 넘어도 결혼을 안 하면 부모님과의 세대로 구분이 될까? 만 30세가 넘으면 소득이 없거나 결혼을 하지 않아도 부모와 따로 살면 세대를 분리할 수 있다.

가령 결혼을 스물두 살에 했다면 결혼한 시점부터 세대 분리가 된다. 결혼은 '새로운 가정을 꾸리는 것'이기 때문이다.

세대 분리 조건

- 만 30세 이상이면서 독립된 생활을 하는 경우
- 만 18세 이상이면서 월 83만 원 이상의 소득이 있고 독립된 생활을 하는 경우
- 결혼한 경우

하나의 집이 필요한 단위가 세법상 '세대'인 것이다. 따로 살며 맞벌이하는 주말부부가 있다. 이를 별도의 세대라 볼 수 있을까? 따로 거주하더라도 부부는 하나의 세대로 본다. 극단적 예로, 사이가 틀어져 별거 중이라고 해도 법적으로는 1세대인 것이다. 가끔 세대 분리를 위해 전입만 따로 놓고 함께 사는 경우도 있는데 비과세에서는 문제가 될 수 있다.

2030 청년들에게 세대의 개념은 무척 중요하다. 본인 이름의 주택이 없지만 자가 주택을 가진 부모님과 같이 사는 20대 직장인 김 모 씨가 세대 분리가 안 되어 있다고 해보자. 김 모 씨가 투자 목적으로 집을 샀을 때 세대 분리가 안 되어 있다면 한 가족이 2채를 갖고 있는 게 된다. 그렇게 되면 1세대 1주택의 혜택을 받지 못한다. 이에 따라

짠테크보다 집테크

부모님과 함께 살고 있는 청년들의 경우 올바른 세대 개념을 갖는 것이 중요하다. 함께 사는 부모님이 주택을 소유하고 있는 경우, 본인 이름으로 된 주택이 없어도 실제로는 주택이 있는 것으로 간주한다.

실제 있었던 조세 소송 사건이다. 전입은 다른 곳에 해놓고 부모님과 함께 살던 사람이 있다. 부모님은 서초동에 아파트 1채를 가지고 있었고, 아들은 주거용 오피스텔 1채를 가지고 있었다. 부모님은 집이 1채이고 아들은 전입을 따로 했기 때문에 세대가 나뉘었다고 생각했다. 이후 부모님 소유 서초동 아파트를 1세대 1주택으로 팔고 세금 신고를 했는데, 국세청에서 중과세 양도세를 내라고 하는 게 아닌가. 함께 사는 아들의 오피스텔까지 2주택으로 간주되어 중과세를 내게 된 것이다. 양도차익이 커서 중과세 양도세 금액이 무려 8억 원이 넘었다.

국세청은 같이 살고 있는지 전입 신고만 했는지 다 알고 있다. 카드사용 내역과 핸드폰 기지국까지 동원해서 증거를 찾는다. 20대 투자자가 세대 분리를 확인하지 않는다면 이런 큰 문제에 직면할 수 있다.

주택 수는 취득세와 양도세, 보유세에 매우 큰 영향을 주며 주택 수에 따라 세금이 어떻게 달라지는지 알아야 주택을 더 늘릴 것인지 혹은 줄일 것인지 판단할 수 있다. 주택은 어느 곳에, 몇 개가 있는지에 따라 세금이 달라지는데 투자자는 가능하면 세금의 부담을 줄이면서 수익을 극대화하는 것이 좋으므로 전략적인 분석과 접근이 필요하다.

주택은 세대의 단위로 세금을 부과한다. 가령 나는 집이 없는데 아버지가 집이 있어서 유주택이 될 수 있다는 것이다. 세대 구성원의 주택이 합산되기 때문에 하나의 세대를 구성하는 구성원의 주택 소유는 매우 중요하다. 세대 구성원의 집이 몇 채인가에 따라 양도소득세를 전혀 안 낼 수도, 수억 원을 낼 수도 있다. 만약 개인마다 세금을 부과하면 어떨까? 부모님 집, 할아버지 집, 할머니 집, 대학생 손녀 집, 군대 간 아들 집… 다 따로 소유할 수 있게 될 것이다. 세금 때문에 가정이 해체되는 좋지 않은 상황이 벌어질지도 모른다.

일단 1세대 구성원의 집은 다 합쳐진다. 그런데 이게 집인지 아닌지 헷갈리는 경우가 몇 가지 있다. 오피스텔이 그 대표적인 예다. 오피스텔은 세금의 종류에 따라 기준이 달라지는데, 가령 취득세를 계산할 때는 오피스텔을 주택으로 보지 않는다. 취득 시 주택으로 사용할지 사무실로 사용할지 결정되지 않았기 때문이다. 오피스텔은 실제 주택으로 사용할 경우, 팔 때 내는 세금인 양도소득세도 이 오피스텔을 주택으로 간주하여 매겨진다. 실제로 '어떻게' 사용했는지를 보는 게 양도소득세이기 때문이다. 만일 청약을 준비하고 있다면, 오피스텔의 소유는 주택으로 간주하지 않는다.

분양권도 혼란스럽기는 매한가지다. 분양권은 원래 주택이 아니다. 들어가서 살 수가 없기 때문이다. 과거 투자자들은 그 점을 이용해 투자를 많이 했으나, 법이 바뀌어 2021년 1월 1일 이후에 취득한 분양권은 주택 수에 포함을 시킨다. 입주권^(재개발, 재건축) 역시 마찬가지다. 똑같은 주택 수이지만 취득세 주택 수와 재산세 주택 수, 양도세 주택 수가 각기 다르다. 특히 세대 구성원이 여럿이고 무언가를 가지고 있다면 정확하게 알아야 한다. 이는 부동산 투자의 기본이며, 이걸 모르고 투자했다가는 낭패를 보기 십상이다.

주식으로 돈을 불린 후 경매 투자를 시작한 20대 경매 수강생이 있었다. 전년도까지 직장에 다니다가 전업투자를 하려고 직장을 그만 둔 상태였다. 부모님과 따로 살았고, 세대 분리가 되어 있었다. 경매로 5억 원 원대의 아파트를 낙찰받았는데, 잔금을 내기 직전 현재 소득이 없어 취득세가 추징될 수 있다는 것을 알았다. 무주택자는 취득세가 1% 정도로 5억 원짜리를 사면 취득세 500만 원이 나온다. 그런데 다주택자는 집을 추가로 못 사게 하려고 12%를 부과한다(경매로 낙찰받은 2022년 기준). 부모님이 소유하는 주택수가 더해져 5억 원짜리 아파트 취득세가 6,000만 원이 나올 수 있다.

30세 미만으로, 작년에는 소득이 있었지만 현재는 소득이 없어 세대 분리가 애매하니 나중에 취득세가 추징될 수 있다는 얘기를 법무사에게 들었다. 결국 급하게 취직을 했고, 그 이후에 낙찰 물건에 대한 잔금을 치를 수 있었다. 세대 분리로 달라지는 취득세 500만 원과 6,000만 원의 차이다. 세금에 대해 아는 사람과 모르는 사람은 이런 문제에서 운명이 갈린다.

지금은 부동산 규제정책이 거의 풀려 정책 자체가 그리 복잡하지 않다. 주택 수가 많아지면 다음 투자를 할 때 선택의 폭이 좁아지기 때문에 충분히 고려한 후에 시작해야 한다. 수익을 가져다주지 않는 주택은 걸러야 한다는 것이다. 잘못된 선택이 다른 좋은 기회들을 빼앗기 때문이다. 주택이 많으면 분양권에서 중도금 대출이 안 나오거나 무주택자보다 대출 한도가 적게 나올 수 있다.

"선생님, 제 도시형생활주택을 경매로 팔 수 있나요?"

"근저당 설정하고 경매를 신청해서 매각하기도 하는데, 정상적인 방법은 아니에요. 경매를 하면서까지 팔려는 이유가 있어요?"

"어머니께서 월세 받으라고 평택에 3채를 제 이름으로 사주셨어요."

"월세가 잘 안 나오나요?"

"아니요. 월세는 한 채당 40만 원씩 잘 나와요. 공실도 없고요. 그런데 팔려고 하니 안 팔려서 매매가를 한 채당 4,000만 원씩 내려서 내놨는데요. 그래도 안 팔리네요."

규제가 한창 많을 때, 규제지역에 도시형생활주택 3채를 가진 수강생과 나눈 대화다. 월세가 잘 나오는 도시형생활주택을 팔려는 이유는 하나다. 이 도시형생활주택 때문에 다주택이 되어 다른 투자를 할 수 없어서다. 40만 원짜리 월세 3개를 받는다고 해서 삶이 크게 나아지지는 않는다. 조금 더 큰 투자를 해보고 싶어 매도하려 했는데 거기서 문제가 드러났다. 채당 4,000만 원을 내려도 안 팔리다 보니 손해가 막심한데, 지금까지 받았던 월세를 다 토해내야 하는 상황이 된 것이다. 그렇다고 그냥 갖고 있자니 다른 주택투자를 하기 어렵고, 취득세 중과뿐만 아니라 대출도 잘 나오지 않아 골치가 아파질 게 뻔

했다.

상가에는 이런 제한이 없지만, 주택은 개수가 중요하기 때문에 잘 팔리지 않거나 손해 볼 수 있는 주택을 덥석 사서는 안 된다. '주택 수에 포함되면서 가치가 낮은 물건'에는 10평 이하의 원룸형 주택이나 근린시설로 허가받은 빌라, 거래가 뜸한 도시형생활주택 등이 있다. 앞에서 몇 차례나 언급했듯 잘 팔기 위해서는 남들이 사고 싶어 하는 집을 사야 한다.

대한민국 국민의 4대 의무 중 하나가 '납세'다. 세금은 반드시 '내야 하는 것'이다. 그러나 무지로 인해 안 내도 될 세금 6,000만 원을 내서는 안 된다. 부동산에서 가장 큰 세금은 양도세다. 큰 만큼 복잡하고 어렵기도 하다. 양도세 전문가 김호용 세무사는 이렇게 말했다.

"세금에 무지한 대가는 다 돈으로 치르게 된다."

이 책을 읽는 분들은 무지의 대가를 돈으로 치르는 불상사가 없길 바란다.

03 | 세금과 양도세 비과세·일반과세: 2년 보유하고 팔면 세금 안 낸다

2억 원에 산 집을 3억 원에 팔았다고 생각해보자. 남에게 양도하면서 생긴 1억 원이라는 양도차익이 발생한다.

"소득이 있는 곳에 세금이 있다."

모든 소득에는 세금이 부과되는 것이 원칙인데, 집을 양도하면서 발생하는 시세 차익은 보통의 소득과는 조금 다른 특징이 있다.

1) 오랜 기간에 걸쳐 형성된다.
2) 거주와 연관된다.
3) 양도차익이 있어야 세금을 낸다.

일반적인 소득세는 1년 단위로 세금을 계산하는 것이 보통이다. 직장인 연말정산도 1년 급여를 가지고 세금을 부과한다. 그런데 집을 샀다가 팔면서 생기는 소득은 10년, 20년에 걸쳐서 생긴 차익이다. 1억 원짜리 아파트를 2010년도에 사서, 2020년도에 3억 원에 팔았다고 해보자. 2020년도에 2억 원의 소득이 생겼다고 해서 이 소득을 2020년 한 해에 벌어들인 소득이라 생각해도 될까? 그렇지 않다. 10년에 걸쳐 차곡차곡 불어난 소득인 것이다. 그래서 양도소득은 다른 소득세와 구별해서 계산한다.

2억 원의 소득이 있었다고 2억 원에 대한 세금을 부과하면 5,000만 원을 내야 한다. 10년 동안 생긴 시세 차익을 올해 1년 소득(2억 원)으로 계산하는 데엔 무리가 따른다. 게다가 10년 동안 우리 집만 오른 게 아닐 텐데 매도가 3억 원에서 세금 5,000만 원을 내고 나면 2억 5,000만 원이 남고, 그렇게 되면 우리 집을 매도한 돈으로 우리 옆집도 사지 못한다. 새로운 집을 쉽게 살 수 없다는 것이다. 세금을 과하게 내면 자산이 확 줄어든다. 그 때문에 거주와 관련이 있는 세대당 1주택은 2년 이상 보유하면 세금을 내지 않아도 된다.

양도세를 내지 않는 것, 이것이 양도세 비과세다. 주택투자에서 양도세 비과세는 매우 중요하다. 양도차익이 크면 클수록 세금을 많이 내는 구조이기에 이를 잘 활용하지 못하면 큰 화를 입을 수도 있다. 1세대 1주택자의 혜택인 양도세 비과세가 없다면 양도차익에 대한 세금을 과도하게 낸 사람들의 이사가 매우 힘들어질 것이다.

비규제지역에서 1세대 1주택자가 2년 보유하고 매도하면 양도세 비과세가 된다. 앞에서 확인한 '호갱노노'의 규제지역을 보고 확인하자. 살 때 비규제지역이었고, 2년 보유 후 파는 시점에 1세대 1주택자라면 세금을 내지 않아도 된다(비규제지역에서는 1주택자가 2년 동안 보유만 해도 비과세 혜택을 받는다). 현재는 서울 일부 지역(강남 3구와 용산)을 제외한 대부분의 서울, 수도권, 지방은 모두 비규제지역이다. 무주택자가 1채를 2년간 갭(월세)으로 투자하고 본인이 거주하지 않아도 세금이 없으니 할 만한 투자다.

우리는 강남이나 용산 같이 좋은 곳으로 가길 원한다. 그럼 규제지역에서 비과세를 받으려면 어떻게 해야 할까? 규제지역에서는 1세대 1주택자가 2년 동안 보유함과 동시에 2년을 거주해야 비과세를 받을 수 있다. 규제지역은 부동산 가격이 많이 오르는 곳인데, 그 지역에 살지 않고 지방 같은 곳에 살면서 투자만 하는 사람에게는 세금을 받겠다는 뜻이다. 특히 규제지역에서는 원리금 상환이 부담스럽거나 여러 이유로 자기 집에 거주하지 못하는 상황이 오면 양도세를 내야 한다. 전세 임차인을 놓고 갭투자를 하거나 2년을 채우지 못하고 팔게 될 때도 마찬가지다.

지역	양도세 비과세
비규제지역	1세대 1주택자가 2년 이상 보유해야 함
규제지역	1세대 1주택자가 2년 이상 보유, 2년 이상 거주해야 함

자산이 많은 투자자는 비과세를 고집하지 않는다. 수익률이 높으면 비과세를 포기하고 여러 채에 투자해 일반과세를 낸다. 양도세는 양도차익이 클수록 많이 나오는 세금이고, 양도차익이 없으면 내지 않는다. 단, 양도세 비과세를 염두에 두되 그것에 너무 집착해서는 안 된다. 진정한 투자자라면 양도세 일반과세까지는 낼 각오가 되어 있어야 한다.

• 세금과 양도세 일반과세

비과세 요건에 맞지 않으면 양도세 일반과세를 내면 된다. 국세청의 양도세 일반세율 표인데 처음 보는 분들이라면 다소 복잡하게 보일 것이다. '2021년 이후' 표만 잠시 들여다보자.

과표	세율	누진공제
1,400만 원 이하	6%	-
1,400만 원~5,000만 원	15%	126만 원
5,000만 원~8,800만 원	24%	576만 원
8,800만 원~1억 5,000만 원	35%	1,544만 원
1억 5,000만 원~3억 원	38%	1,994만 원
3억 원~5억 원	40%	2,594만 원
5억 원~10억 원	42%	3,594만 원
10억 원 초과	45%	6,594만 원

짠테크보다 집테크

양도차익을 과표 금액별 구간으로 나누었다.

1단계: 1,400만 원 이하

양도차익이 1,400만 원이라고 가정해보자. 1,400만 원 이하까지는 세율이 6%니까 1,400만 원 × 0.06 = 84만 원, 즉 1,400만 원 벌면 84만 원을 세금으로 내야 한다는 것이다. 이 정도 내는 건 그리 어려운 일이 아니다.

2단계: 1,400만 원~5,000만 원

5,000만 원의 세율은 15%다. 그런데 5,000만 원의 15%가 아니고 0원~1,400만 원까지는 6%, 1,400만 원~5,000만 원까지가 15%인 것이다. 양도차익이 5,000만 원이라면 1,400만 원 × 0.06% + (5,000만 원 - 1,400만 원) × 0.15 = 84만 원 + 540만 원 = 624만 원, 즉 5,000만 원을 벌면 624만 원의 세금을 내야 한다는 것이다. 적은 돈이 아니지만 뭐, 이 정도도 낼 수 있을 것이다.

그런데 식이 조금 복잡하다. 0원~1,400만 원 구간이 6%인데 15%로 계산되니까 단계별로 다 쪼개서 5,000만 원 × 0.15로 계산하면, 원래는 0.06%인 1,400만 원 구간까지 0.15%로 계산된다. 이걸 누진공제라고 한다. 5,000만 원 × 0.15로 계산하면 원래보다 126만 원이 더 계산되니까 5,000만 원 × 0.15 - 126만 원(누진공제)을 하는 것이다. 양도세 계산의 일반식은 과세표준에 과표세율을 곱하고 누진공제를 빼는 것이다.

과세표준 × 과표세율 – 누진공제 = 양도세
3단계: 5,000만 원~8,800만 원

8,800만 원 이하의 양도세율은 24%다. 그런데 0원~1,400만 원은 6%, 1,400만 원~5,000만 원은 0.15%, 5,000만 원~8,800만 원은 24%다. 양도차익 8,800만 원으로 계산해보면 1,400만 원 × 0.06 + (5,000만 원 – 1,400만 원) × 0.15 + (8,800만 원 – 5,000만 원) × 0.24 = 84만 원 + 540만 원 + 912만 원 = 1,536만 원이 된다. 8,800만 원을 벌었으면 1,536만 원 정도는 내라는 거다. 8,800만 원 세율구간이 24%라고 8,800만 원 × 0.24를 하면 안 된다. 0원~1,400만 원은 6%, 1,400만 원~4,600만 원은 15%이기 때문이다. 8,800만 원 × 0.24로 계산하면 아래 구간에 6%, 15% 구간에 24%로 세금이 더 많이 계산된다. 그래서 더해지는 금액이 얼마인가 봤더니 576만 원이었다.

8,800만 원 × 0.24 – 576만 원(누진공제) = 1,536만 원

위에서 구간별로 잘라서 계산하고 더한 금액이랑 같다. 이게 8단계까지 있다. 계산이 너무 복잡하니까 원래는 구간별로 나눠서 계산해야 하는 것을 그냥 '과표금액에서 가장 높은 세율을 곱한 다음 누진공제액만 빼주면' 된다.

양도차익(과표)	매도자 수익	양도세 일반과세
2,000만 원	1,826만 원	174만 원
4,000만 원	3,526만 원	474만 원
6,000만 원	5,136만 원	864만 원
8,000만 원	6,656만 원	1,344만 원
1억 원	8,044만 원	1,956만 원
1억 2,000만 원	9,344만 원	2,656만 원
1억 4,000만 원	1억 644만 원	3,356만 원

양도세 일반과세 예시다. 비과세를 못 받으면 저 정도를 내야 하고, 중과세를 받으면 저것보다 훨씬 많이 내게 된다.

양도차익이 1억 원일 때는 2,000만 원 정도를 내지만 극단적인 예로 양도차익이 15억 원이라면 15억 원 × 0.45 - 6,540만 원 = 6억7,499만 원, 즉 6억 원 이상을 세금으로 내게 된다. 자산이 늘어나면 세금에 대한 지식이 함께 늘어나야 하는 까닭이다.

1억 원에 사서 2억 원에 팔았을 때 양도차익이 딱 1억 원이라고 보기는 어렵다. 부대비용이 들어가기 때문이다. 실제로는 취득세, 중개수수료, 1인당 1년에 250만 원 공제, 기타 취득가액에 인정되는 비용을 빼고 계산한다.

부동산을 취득한 후 내는 세금이 바로 취득세다. 무주택자 기준으로 집이 6억 원인 경우, 85㎡ 이하는 취득세가 1%(6억 원 × 0.01 = 600만 원), 85㎡ 초과는 취득세 + 농어촌특별세 1.2%다(6억 원 × 0.012 = 720만 원). 85㎡ 초과는 농어촌특별세를 더 낸다.

주택취득가격	면적	취득세	지방교육세	농어촌특별세
6억 원 이하	85㎡ 이하	1%	0.1%	-
	85㎡ 초과	1%	0.1%	0.2%
6억 원~9억 원	85㎡ 이하	1%~3%	0.1%~0.3%	-
	85㎡ 초과	1%~3%	0.1%~0.3%	0.2%
9억 원 초과	85㎡ 이하	3%	0.3%	-
	85㎡ 초과	3%	0.3%	0.2%

매매가 6억 원~9억 원은 비율로 계산한다.

취득세 적용세율 = (주택취득 당시 가액 × 2/3억 원 - 3) × 1/100

가령 7억5,000만 원인 아파트는 취득세 2%에, 평수에 따라 농어촌특별세를 낸다.

85㎡ 이하는 7억5,000만 원 × 0.022 = 1,650만 원

85㎡ 이상은 7억5,000만 원 × 0.024 = 1,800만 원

✅ 위택스 지방세 정보   출처: 위택스

취득세는 정책에 따라 달라질 수 있기에, 기본 뼈대를 알아놓고 그때마다 정보를 업데이트해야 한다.

- 생애최초 취득세 감면

현재 취득세는 생애 최초의 경우 200만 원을 감면해주고 있다. 부동산 거품이 꺼지면서 거래가 안 되고 있는데, 2022년 6월 21일 이후 12억 원 이하의 주택을 생애최초로 마련하는 사람들을 위한 세금 지원이라고 볼 수 있다. 따로 신청해야 하기에 이 조건에 맞는 사람이라면 혜택을 누리길 바란다. 단, 취득 후 3개월 이내에 전입하고 3년 이전에는 임대를 놓지 않는 조건이다.

살 때는 내는 게 취득세라면 보유하는 동안 내는 건 재산세다. 부동산의 세금은 사거나 팔 때 정확한 금액이 나온다. 얼마에 사는지, 얼마에 파는지가 명확하기 때문이다. 그러나 가지고 있는 자산은 가격이 변하기 마련이다. 5억 원에 샀는데 7억 원까지 올랐다가 다시 6억 원으로 떨어지기도 하고, 급매가 나오면 시세가 내려가는 것처럼 보이기도 한다. 그 때문에 보유하는 동안 세금을 부과하기 위해서는 거래 금액 말고 다른 기준이 필요하고, 이를 공동주택 공시가격이라 한다.

공동주택 공시가격은 세금을 부과하기 위한 기준으로, 거래되는 시세보다는 낮은 편이다(5억 원짜리 아파트의 세금을 6억 원짜리 아파트의 세금으로 부과하지 않기 위함). 공동주택 공시가격은 건강보험료나 재산세 등의 세금을 부과할 때 사용하고 있다. 자기 집의 공시가격이 얼마인지는 '부동산 공시가격 알리미'에서 확인이 가능하다.

✓ 국토교통부 부동산 공시가격 알리미

출처: 국토교통부

✓ 마포래미안푸르지오

출처: 네이버 부동산

마포래미안푸르지오 59㎡는 매매가격이 13억5,000만 원인데 공시가격은 10억 원 정도 된다. 15억8,000만 원이었던 과거에 비해 시세가 떨어졌지만, 여전히 공시가격은 10억 원 정도다. 시세가 14억 원 정도인 마포래미안푸르지오의 재산세는 130만 원이고, 종합부동산세는 과세 대상이 아니다. 생각보다 세금이 부담스럽지는 않다는 걸 알 수 있다. 우리는 부자가 될 사람들이기에 '재산이 많아져서 재산세를 많이 내겠다'라는 마음가짐으로 투자 공부를 해야 한다. 재산이 적어서 재산세를 적게 내는 것보다 재산이 많아서 재산세를 많이 내는 것이 훨씬 좋다는 건 두 말할 것도 없다.

중개보수 및 세금정보

종개보수	최대 810만원(VAT 별도) 더보기 >
	상한요율 0.6%
	약 4,455만원
취득세	· 취득세 4,050만원
	· 지방교육세 405만원
	· 농어촌특별세 -원
	약 223만 2,090원(2022.01.01. 공시가격 기준)
보유세 Beta	· 재산세 129만 7,800원
	· 지방교육세 25만 9,560원
	· 도시지역분 67만 4,730원
	· 종합부동산세 과세대상 아님
	중개보수 및 세금정보는 실제 적용되는 금액과 다를 수 있습니다.

✓ 중개보수 및 세금 정보   출처: 네이버 부동산

종합부동산세는 주택자산이 많은 사람에게 받는 세금이다. 이제 막 부동산 공부를 시작하는 우리에게는 먼 이야기 같지만, 미리 알아 둬서 손해 볼 건 없다. 종합부동산세는 1주택의 경우, 현재를 기준으로 공시가격이 12억 원이 넘어야 낸다(위에서 보았던 마포래미안푸르지오는 공시가격이 12억 원을 넘지 않으므로 과세 대상이 아니다).

주택이 여러 개라면 공시가격이 9억 원 이상일 때 종합부동산세를 낸다. 예를 들어 13억 원짜리 마포래미안푸르지오 1채를 가진 사람은 종합부동산세를 내지 않는데, 인천에 7억 원짜리 아파트 2채가 있는 사람은 종합부동산세를 낼 수 있다는 것이다. 자산의 크기가 같아도 주택 수에 따라 세금이 달라지기 때문에 주택의 수를 신경 써야 한다.

유형별 종부세 과세 대상		공제금액
주택 수	1주택	12억 원
	2주택 이상	9억 원

1채로는 상당히 고가의 자산을 가져야만 종합부동산세를 낸다. 더불어 부동산 관련 세금은 생각보다 자주 바뀌므로 최신 세법을 늘 알아두는 것이 바람직하다.

세금과 규제지역:
규제지역과 비규제지역의 세금 차이

현재 규제지역은 강남구, 서초구, 송파구, 용산구이다. 규제지역인지 아닌지에 따라 달라지는 부분을 체크해보자. 규제지역 여부는 주택이 많아질수록 중요해진다.

호갱노노 오른쪽 아래 정책에서 [규제]를 선택하면 규제지역을 확인할 수 있다.

호갱노노 [규제] 탭　　　　　　　　　　　　출처: 호갱노노

- 비과세

앞서 말했듯 비규제지역에서는 2년만 보유하고 있어도 비과세를
받을 수 있다. 비규제지역에 1채 갭투자를 하면 2년 후 매도할 때 양
도세를 내지 않는다.

- 취득세

이미 주택이 있는 상태에서 다음 주택을 추가로 매수할 때는 규
제지역인지 아닌지에 따라 취득세가 달라진다. 예를 들어 규제지역을
매수하고 비규제지역을 매수하면 둘 다 취득세 중과 없이 살 수 있다.

그런데 순서를 바꿔 비규제지역을 먼저 사고 규제지역을 사면 두 번째 주택에 취득세 중과를 받게 된다.

규제지역인 강남에 1채, 비규제지역인 분당에 1채를 산다고 하자. 여기서, 취득 순서가 중요하다. 규제지역인 강남을 먼저 사면 취득세가 1%~3%고, 비규제지역인 분당을 나중에 사면 취득세가 1%~3%다. 그런데 순서를 바꿔 분당을 먼저 사면 취득세가 1%~3%고, 나중에 강남을 살 때는 8%의 취득세를 내야 한다. 나중에 사는 아파트의 가격이 10억 원이라면 3,000만 원의 취득세였던 것이 순서가 바뀌어 8,000만 원을 내야 하는 것이다.

	주택 수	취득세
개인	1주택	1%~3%
	비규제지역 2주택	1%~3%
	2주택(일시적 2주택 제외)	8%
	비규제지역 3주택	8%
	규제지역 3주택	12%
	4주택 이상	12%
법인	-	12%

• 규제지역 다주택 양도세중과

다주택자가 규제지역의 주택을 팔 때는 주택 수에 따라 20%, 30%의 중과세를 받는데 2024년 5월 9일 이전에 매도 시 중과세를 유

짠테크보다 집테크

예하고 있다. 양도세 일반과세를 받으면서 장기보유특별공제도 받을 수 있어서 규제지역의 다주택자는 중과세 유예기간 안에 파는 게 좋다. 세금의 20%~30%가 아니라 과표금액의 20%~30%를 과세하는 것이기에 금액이 매우 크다. 규제지역의 다주택자는 중과세 유예기간 안에 팔거나 비규제지역을 먼저 매도해 주택 수를 줄이는 것이 현명하다.

주택 수가 아무리 많아도 비규제지역의 주택을 매도할 때는 중과세가 없다.

과표	세율	규제지역 2주택 양도세율	규제지역 3주택 양도세율	누진공제
1,400만 원 이하	6%	26%	36%	-
1,400만 원~5,000만 원	15%	35%	45%	126만 원
5,000만 원~8,800만 원	24%	44%	54%	576만 원
8,800만 원~1억 5,000만 원	35%	55%	65%	1,544만 원
1억 5,000만 원~3억 원	38%	58%	68%	1,994만 원
3억 원~5억 원	40%	60%	70%	2,594만 원
5억 원~10억 원	42%	62%	72%	3,594만 원
10억 원 초과	45%	65%	75%	6,594만 원

• 대출 한도

15억 원 이상 대출이 LTV 0%였다가 LTV 50%, DSR 40%로 개정

	담보대출 비율	소득 한도
투기·투기과열지구	LTV 50%	DSR 40%
비규제지역	LTV 70%	DSR 40%

되었다. 소득요건을 맞추면 주택 가액에 상관없이 대출이 나온다.

Part 5

부의 '시기'를 읽는
부자들만의 원칙

아무리 성실한 농부라도 계절의 변화를 느끼지 못한다면 좋은 수확물을 얻을 수 없다. 마찬가지로 투자자도 경기의 흐름을 바꿔놓는 외부의 변수를 읽을 줄 알아야 한다. 2021년 '거래절벽' 이후, 2022년의 시세 하락은 코스피와 코스닥의 폭락으로 어느 정도 예견되었다. 포스트 코로나로 인한 글로벌 인플레이션, 코인 하락, 경기둔화 등은 부동산만 붙들고 있는 투자자라면 예측하기 어려운 위기였다. 우물 안은 언제나 평화롭기 때문이다.

부동산 투자의 기본은 '비교'다. 비교하다 보면 상대적으로 가격이 빠지는 물건을 발견하기 마련이고, 장기적으로는 본래의 가치를 찾아간다는 원칙 때문에 저평가된 물건임을 인지하고 그곳에 투자하기도 한다. 교통 호재나 일자리 호재, 정비사업 등 꼭 해야 하는 사업은 조금 더디더라도 계획대로 진행되기 때문에 앞으로 가치가 높아지는 지역은 늘 존재한다. 개발계획은 쉽게 달라지지 않지만 그렇다고 너무 부동산 시장에만 시선이 쏠려 있으면 외부에서 오는 위험을 감지하지 못할 수도 있다.

그저 남들보다 조금 여유 있게 살고 싶을 뿐인데, 이렇게나 알아야 할 것이 많은가 싶기도 하다. 거시경제를 판단할 때는 주로 글로벌 경기와 미국 인플레이션, 금리, 미국 주택 가격 동향, 주가지수, M1, M2 등을 지표로 삼는다. 그중 M1, M2, 주가지수 정도만 살펴보고자 한다. 부동산보다 먼저 하락이 시작된 곳은 다름 아닌 주식이었다.

• 주가지수

2021년 코스피 하락이 시작되면서 코스닥도 하락하고 결국 2023년, 바닥을 치고 유지 중이다. 주가의 하락은 불경기의 선행 지표로, 경기는 좋지 않은데 부동산만 승승장구하기는 어렵다는 점에서 주식투자를 하지 않더라도 지수의 변화를 볼 수 있어야 도움이 된다는 것이다. 실제로 이 이후로 부동산 가격은 후행하면서 하락했다.

일봉 주봉 월봉 1일 3개월 1년 3년 <u>10년</u>

3,476.51
3,059.70
2,642.90
2,226.09
1,809.29
1,392.48

2014/01   2017/01   2020/01   2023/01

✅ 코스피   출처: 네이버

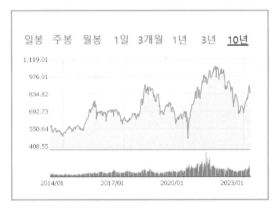

일봉 주봉 월봉 1일 3개월 1년 3년 <u>10년</u>

1,119.01
976.91
834.82
692.73
550.64
408.55

2014/01   2017/01   2020/01   2023/01

✅ 코스피   출처: 네이버

• M1 / M2

M1과 M2는 공개된 데이터이면서 유의미하기에 알아둘 필요가
있다.

M1: 협의 통화

기본 통화 공급량 (유통 현금 통화와 예금 통화를 합친 것)

M2: 광의 통화

M1에 각 금융 기관의 정기 예금을 합친 화폐 공급량

M1/M2는 협의 통화량과 광의 통화량의 비율이다. 통화량 자체보다는 이 비율에 더 큰 의미가 있는데 과거 이 비율이 급격한 변화를 보일 때마다 부동산 시장에 큰 충격이 있었다. 빨간색 M1/M2가 마지막 고점에서 곤두박질치던 때가 2022년 6월이었다. 거래절벽과 시세 하락 시기가 정확히 들어맞았다. 통화량은 일반 투자자라도 한 번씩 확인할 필요가 있는 데이터다.

서울 매매가와 M1/M2를 같은 시간 간격으로 맞춰보았다.

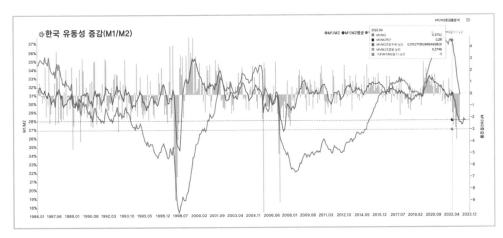

✔ M1/M2

출처: 손품왕

M1/M2인 빨간 그래프가 급격하게 하락할 때마다 부동산은 출렁임을 보인다. 최근의 하락 같은 경우 유동성 감소와 부동산 시장의 거품을 원인으로 꼽을 수 있는데, M1/M2의 급격한 변화를 보는 것만으로도 부동산 시장을 어느 정도 전망할 수 있다.

최근에는 2020년 6월 이후 계속 감소하던 유동성 증가율(파란색 라인)이 줄어드는 경향을 보이면서 충격이 완화되고 있다(여전히 감소하고 있긴 하나 감소의 정도가 크지 않다). 2020년 4월 증가율이 정점을 찍은 이후 그래프가 꾸준히 하향하다가 2023년 4월 이후 변곡점을 지났다. 통화량이 줄어들고 있지만, 정도가 심해지는 구간은 일단 넘은 것으로 해석할 수 있다. 부동산의 위기는 외부에서 올 수도 있기에 정확한 사이

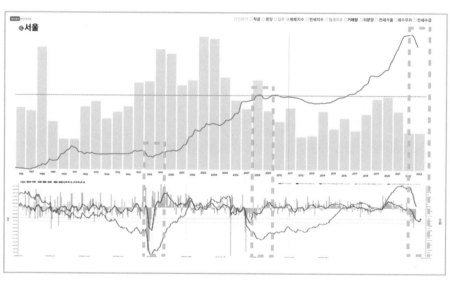

✅ 서울 매매가와 M1/M2

출처: 손품왕

클은 알기 어렵더라도 '날씨의 변화' 정도는 알고 투자하는 것이 조금 더 안전하다고 볼 수 있다. 부동산 투자와 경매 공부를 이제 막 시작한 사람과의 대화를 옮겨본다.

"선생님 저는 빌라 시세 조사가 너무 어려워요."

"빌라 시세 조사는 저도 어려워요. 그런데 시세를 모르면 투자할 수 없어요. 시세가 보일 때까지 물건을 많이 보셔야 해요. 경매로 낙찰받고 싶으시면 과거 사례를 다 확인하고 낙찰을 얼마에 받아서 대

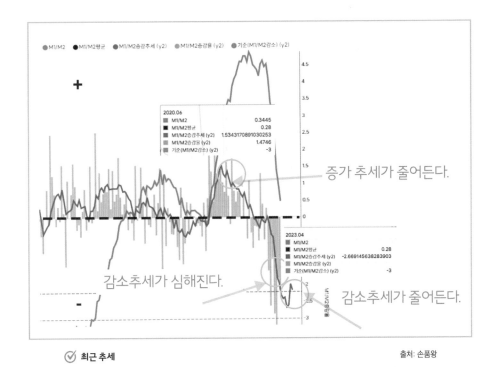

✅ 최근 추세   출처: 손품왕

출을 얼마 받았는지, 매도는 했는지, 등기도 100개 정도 떼어보세요."

호락호락하지 않은 현실에 겁이 났는지 100이라는 숫자에 겁이 났는지 모르겠지만 표정이 썩 좋지는 않았다. 이번에는 내가 역으로 물었다.

"부동산 경매로 얼마까지 벌고 싶으세요?"

"원하는 만큼이면… 30억 원이요."

"그럼 30억 원 벌려고 하면서 이것도 어려우세요?"

그랬더니 옆에서 다른 분들이 '30억 원 벌려면 그 정도는 할 수 있다!'라며 맞장구를 쳤다. 우리의 노력으로 할 수 있는 것이 있고 할 수 없는 것이 있다. 주가지수나 통화량은 공개된 정보이기에 한 번씩 확인하기만 하면 된다. '이런 것까지 해야 하나'라는 생각이 드는가? 성공하려면 노력도 해야 하고 운도 따라야 하고 적당한 환경도 필요하고 주변 사람들의 도움도 필요하다. 이 가운데서 내 의지로 조절할 수 있는 것은 오직 나의 노력뿐이다. 이것저것 재고 따지고 '이건 이래서 안 되고 저건 저래서 안 되고' 식의 마음가짐이라면 시작조차 안 하는 게 낫다. 내가 할 수 있는 것에 혼신의 힘을 다해도 성공할까 말까다.

짠테크보다 집테크

임장 로드맵:
낯선 곳에서 찾은 성공

　한번 생각해보라, 지금까지 살면서 얼마나 다양한 지역을 가보았는가? 이사를 자주 다니지 않은 한 자신의 주거지에서 크게 벗어나지 않는다는 사실을 알게 될 것이다. 심지어 지인 중엔 한 동네를 한 번도 벗어나 본 적 없는 사람도 있다. 그런 사람들은 특별한 이유가 없다면, 이사를 하더라도 서울을 크게 벗어나지 않을 것이다.

　반복해서 얘기하지만, 아파트는 평균 이상의 물건에 투자할 때 좋은 결과를 얻을 수 있다. 자신이 가본 적도 없는 동네에서 기회를 찾는다는 건 어불성설이다. 많이 다녀보는 것이 그만큼 중요하다는 것이다. 물론, 낯선 것은 늘 불편하기 마련이다. 가보지 않은 곳에 방문한다는 건 초보에게는 쉬운 일이 아니다. 그러나 성공은 낯선 곳에 도

사리고 있다는 생각을 가지고, 몇 번 나가다 보면 그 재미를 알게 되는 날이 올 것이다.

서울과 경기도, 인천을 아울러 '수도권'이라고 한다. 사람들은 일반적으로 경기도보다 서울이 좋을 거라 생각하지만, 경기도 중에서도 서울보다 좋은 지역이 있다. 규제지역으로 묶여 있거나, 가장 나중에 규제가 풀리는 곳이라면 '좋은 지역'이라고 볼 수 있다. 성남 분당, 성남 수정, 경기 하남, 경기 광명은 서울과 더불어 마지막에 규제가 해제된 지역이며, 이는 경기도 지역 중 가장 좋은 지역이라고 바꾸어 말할 수도 있다.

서울에는 구도심이 있고 1990년대에 터를 닦은 택지지구, 2000년도에 조성한 뉴타운이 있다. 자연적으로 생긴 길이나 땅의 모양을 그대로 유지하고 있는 지역도 있어서, 길이 좁고 주차 시설이 제대로 갖춰져 있지 못한 곳이 많다. 정비가 안 되고 낡아서 살기에 불편하다는 것이다. 정비사업으로 새 아파트를 짓는 것도 이 때문이다.

허름한 동네에 새 아파트가 들어온다는 게 어떤 느낌인지 알고 싶다면 동대문의 '래미안엘리니티'를 보면 된다. 모자라는 주택을 늘리고 지역을 전체적으로 정비하는 것이 뉴타운인데, 반듯한 도로나 학교, 공원 등의 시설이 적절히 갖춰져 살기에 쾌적하다. 왕십리뉴타운이 그 대표적 예다. 완성된 뉴타운에는 은평 뉴타운과 왕십리 뉴타운이 있고, 한창 조성 중인 뉴타운에는 광명 뉴타운과 장위 뉴타운, 이

짠테크보다 집테크

제 시작하는 노량진 뉴타운과 이문휘경 뉴타운도 빼놓을 수 없다.

1990년대에 조성한 택지지구는 목동과 상계동이 있다. 건물은 낡았지만 주민들이 살기에 부족함이 없는 인프라가 이미 구축되어 있어 새 아파트만 들어선다면 금상첨화인 곳이다. 상계주공아파트 단지를 보면 1990년대의 택지지구를 볼 수 있다. 학교와 공원, 상가 등이 적절히 자리 잡고 있으며, 길 역시 잘 정돈되어 있다.

성수동 성수전략정비구역은 서울에서 가장 좋은 재개발 지역이다. 한강을 남향으로 조망하며 한남뉴타운과 함께 서울에서 가장 비싼 재개발 지역으로 꼽힌다. 가격을 보고 좌절하기보다는 모두 하나의 과정이라 생각하고 희망의 끈을 놓지 말자.

1기 신도시의 대표 지역은 분당과 일산이다. 1990년대 복도식 아파트가 있을 정도로 낡아가고 있지만, 이미 1기 신도시 특별법과 교통, 교육, 상권 등의 인프라가 갖춰져 있어 안정적이다. 그 밖에도 평촌, 중동, 산본 등도 가볼 만하다. 2시 신도시는 판교, 위례, 광교, 동탄, 김포 한강, 인천 검단, 평택 고덕, 양주 옥정, 파주 운정, 천안 아산 등 모두 12곳이며 1기보다 좀 더 신축이다. 좋은 곳을 보려면 판교, 광교, 위례를 선택하면 되고, 현실적으로 자신이 갈 수 있는 곳을 보려면 허들이 비교적 낮은 인천 검단이나 김포한강 신도시를 선택한다.

3기 신도시는 이미 발표되어 현재 사업이 진행 중이다. 1기, 2기 신도시 사업 때 사람들은 여러 가지 선택을 했고, 그게 어떤 선택이었느냐에 따라 이후의 삶이 달라졌다. 우리가 부동산에 관심을 두지 않은 것은 '돈이 없다는 좌절감'과 '떨어질지도 모르는 아파트 가격에 대한 지나친 두려움' 때문이다. 분명한 건 우리가 관심을 두든, 관심을 두지 않든 '주택시장'이라는 삶의 게임에서 벗어날 수가 없다는 것이다.

내가 아는 지역에서, 내가 가본 지역에서 기회는 온다. 주거지에 대한 전체적인 가이드를 제시했으니, 가이드에 따른 순서를 짚어보겠다.

• 임장 루트 짜는 법

1. 지역을 선택한다.

2. 선택한 지역에서 가장 이슈가 되는 곳을 지나도록 코스를 짠다 (왕관 아파트, 재개발, 신축 등).

3. 편한 신발과 핸드폰 보조배터리, 가벼운 짐, 날씨에 잘 맞는 옷을 준비하고 출발한다.

4. 지역에 대해 면밀히 알기 위해서는 대중교통을 이용하는 게 좋으나, 가기에 너무 불편한 경우에는 차로 이동한다.
5. 호갱노노 어플에서 자신의 위치를 확인하고, 시세가 얼마인지

✅ **호갱노노에서 현재위치 찾기** 출처: 호갱노노

체크한다. '입주민 이야기'도 빼놓지 않고 들여다본다.

6. 시간이 되거나 필요한 경우, 부동산에 들어가서 직접 상담을 받아본다.

우측 상단의 동그란 탭을 누르면 현재위치를 중심으로 지도가 표시되어 매우 편리하다.

03 시세 서열 이해하기:
서초·용산에서 강북·도봉까지

인도 카스트 제도처럼 부동산에도 계급이 있다. 더 좋은 부동산
은 가격으로 바로 나타나기 때문에 복잡하게 생각하지 말고, '비싼
게 좋은 거'라고 여기면 된다. '싼 게 비지떡'이라는 말이 있는데, 부동
산도 예외일 수는 없다. 부동산의 가격은 입지의 가격과 상품의 가격,
이 두 가지의 합으로 볼 수 있다. 아파트는 같은 지역이라도 연식에 따
라 가격 차이가 크다. 새 아파트와 30년 넘은 아파트의 값이 같을 수
는 없기 때문이다. 비슷한 연식을 비교할 때는 34평을 기본으로 한다
(평수가 달라서 직접 비교하기 어려우면 평당가격으로 비교).

벤츠는 고급 세단이지만 그 안에서도 서열이 있다. 예컨대 마이바
흐, S클래스, E클래스, C클래스, A클래스로 나뉘는 것처럼 말이다. 그

렇다면 서울의 '마이바흐'는 어디일까? 가격으로만 놓고 본다면 강남일 확률이 높다(A클래스 정도 되는 도봉구도 사실상 가격 자체는 만만치가 않다). 서열은 경기도에도 존재하는데, '서울이 무조건 경기도보다 좋다'라는 식의 계산은 맞지 않는다. 서울 도봉구보다 성남 분당이 훨씬 비싸기 때문이다. 2023년 4월 실거래 기준 '아파트투미' 데이터를 정리해보았다.

클래스	서울	경기	인천
A 지역 만 원 / ㎡	서초구 / 2,572		
	강남구 / 2,459		
	용산구 / 1,951		
	송파구 / 1,945	과천시 / 1,757	
B 지역 만 원 / ㎡	종로구 / 1,568		
	성동구 / 1,532		
	마포구 / 1,523		
	광진구 / 1,409		
	강동구 / 1,409		
C 지역 만 원 / ㎡	양천구 / 1,354		
	영등포 / 1,347		
	중구 / 1,340		
	동작구 / 1,322	분당구 / 1,309	
D 지역 만 원 / ㎡	서대문 / 1,095		
	강서구 / 1,091		
	동대문 / 1,088		
	은평구 / 1,037	광명시 / 1,004	
	성북구 / 1,028	하남시 / 990	

E 지역 만 원 / ㎡	노원구 / 973	평촌 / 926	
	관악구 / 953		
	구로구 / 901		
	금천구 / 888		
	중랑구 / 842	의왕 / 821	
	강북구 / 807	구리시 / 796	
	도봉구 / 751	영통 / 763	연수구 / -

아무 기준이 없을 때는 물리적 위치와 전체 평균 가격으로 뼈대를 잡으면서 시작해본다. 일자리의 유무와 최고가 아파트의 가격을 종합적으로 판단해야 하는 것인데, 이견이 없는 지역도 있고 사람에 따라 선호도가 다른 지역도 있기에 평균으로만 지역의 우열을 판단하는 것은 무리가 있다. 은평구과 광명시는 평 단가가 비슷해 비교가 자주 되는데 제곱미터당 은평구 1,037만 원, 광명시 1,004만 원이며 은평구 최고가 아파트(23년 현재 거래 기준)인 녹번역e편한세상캐슬은 1,304.24만 원/㎡, 광명시 유-플래닛태영데시앙은 1,257.66만 원/㎡이다.

은평구의 최고가 아파트 평 단가가 근소하게 높지만 광명시는 뉴타운이 조성되고 있다는 것과 바로 옆 구로/가산디지털단지에 일자리가 많다는 점에서 광명시의 발전 가능성을 더 높게 쳐 주는 사람들이 많다. 물론 은평구에도 여러 호재가 있다. 은평구의 GTX 호재와 광명시 주거벨트의 완성, 두 호재 중 어떤 것이 더 좋을지는 각자 판단해보자.

시세가 오르고 내릴 때도 서열은 '유지'되면서 오르고 내린다. 평단가로 지역의 위상을 보고 그 지역에서 가장 비싼 아파트의 시세를 본다. 지역 평균 가격이 비슷하고 최고가 아파트, 대표아파트의 시세가 같으면 서열이 같은 지역이다. 같은 돈을 가지고 더 좋은 선택을 하기 위한 첫 시작은 '비교'다. 부동산을 공부하는 궁극적인 이유는 선택의 순간이 왔을 때 '찰나'가 주는 기회를 잡기 위함이다.

서울 (만 원/㎡)	경기 (만 원/㎡)	인천 (만 원/㎡)
서초구 반포주공1단지 (4,323.27)		
강남구 래미안블레스티지 (2,915.15)		
용산구 한강맨숀 (3,815.47)		
송파구 주공아파트5단지 (2,899.51)		
양천구 목동신시가지7단지 (2,360.16)		
종로구 경희궁자이2단지 (2,175.50)		
성동구 래미안옥수리버젠 (2,078.93)	과천시 과천위버필드 (2,055.71)	
마포구 신촌숲아이파크 (1,976.19)	분당구 봇들마을8단지(주공) (1,960.92)	
영등포구 시범 (1,947.38)		
동작구 롯데캐슬에듀포레 (1,914.50)		
중구 서울역센트럴자이 (1,860.51)		

강동구 고덕그라시움 (1,764.28)		
광진구 현대파크빌 (1,727.00)	수정구 위례자연앤센트럴자이 (1,690.71)	
서대문구 e편한세상신촌1단지 (1,665.97)		
동대문구 힐스테이트청계 (1,518.31)	영통구 광교중흥에스클래스 (1,587.10)	
성북구 래미안길음센터피스 (1,513.28)		
강서구 마곡13단지힐스테이트 (1,468.24)	일산동구 킨텍스원시티3블럭 (1,435.19)	
은평구 녹번역e편한세상캐슬 (1,304.24)	화성시 동탄역시범우남퍼스트빌 (1,383.79)	
금천구 롯데캐슬골드파크3차 (1,303.03)	동안구 평촌더샵센트럴시티 (1,289.51)	
노원구 미륭 (1,240.82)	광명시 유-플래닛태영데시앙 (1,257.66)	연수구 송도더샵파크애비뉴 (1,237.29)
구로구 대림1 (1,223.20)	중동 센트럴파크푸르지오 (1,185.14)	
중랑구 사가정센트럴아이파크 (1,199.76)	하남시 미사강변골든센트로 (1,196.34)	
관악구 e편한세상서울대입구2차 (1,156.63)	의왕시 인덕원푸르지오엘센트로 (1,165.15)	
도봉구 주공19단지(창동리버타운) (1,077.52)		
강북구 삼성래미안트리베라2단지 (1,024.63)	덕양구 DMC자이더리버 (1,046.42)	

✅ **2023년 실거래가**

서울을 5개의 그룹으로 나누고 각 그룹에서 대표 지역을 하나씩만 정렬해본 것이다. 20년 동안 서열은 크게 달라지지 않았다. 지역 간

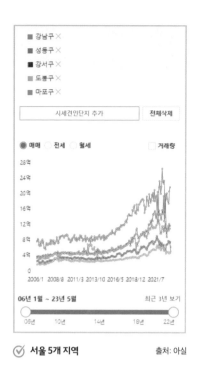

✅ **서울 5개 지역**   출처: 아실

의 서열은 계급과도 같아서 쉽게 바뀌지 않는다. 하락의 충격이 올 때 본래의 가치보다 많이 떨어졌다면, 원래의 가치를 찾아갈 가능성 역시 크다는 것이다.

그러나 부동산은 살아 움직이는 생물 같아서 없던 것이 생기고 있던 것이 없어진다. 주거용부동산 회피시설, 유해시설 등이 다른 곳으로 옮겨가면 거주환경이 좋아져서 가치가 올라갈 것이다. 가령 레미콘 공장, 차량기지, 미군기지 등을 꼽을 수 있다. 새로운 철도의 개통이나 업무시설, 정비사업의 진행도 주거의 가치를 올려주는 일이다.

이러한 변화가 지역의 서열에 영향을 주기 때문에 투자자라면 견고한 서열 속에서 변화가 있는 지역의 기회를 찾아야 한다.

서울의 시세에 대해 대강 감을 잡았으니 경기도권으로 넘어가 보자. 서울의 시세와 비교해서 보면 구분이 좀 더 쉬울 것이다.

✅ **비슷한 서열의 지역**   출처: 아실

지역 평균 평단가 외에도 신축 대장 아파트 가격을 비교하면 서열이 비슷한 지역을 한데 묶어 확인할 수 있다. 시세 서열은 순간적으로 엎치락뒤치락하긴 해도 큰 폭으로 변하는 일은 거의 없기에 시세를

잘 추적해 보면 일시적으로 저평가된 곳을 잡을 수 있다. 이것을 '시세 트레킹'이라고 한다. 물론 연식이나 개별적인 특성도 고려해야 하지만, 큰 그림을 먼저 보는 게 더 중요하다.

04 | 입지의 4요소:
교통 · 교육 · 일자리와 상권 · 환경의 중요성

1. 교통

'부동산은 입지다'라는 얘기를 들어보았을 것이다. 앞서 언급했듯 아파트를 산다는 것은 비단 건물 차원에서의 '아파트'만을 사는 것이 아니라, 그 아파트가 있는 '동네'를 사는 것이다. 입지(인간이 경제 활동을 하기 위해 선택하는 장소)가 중요한 이유다. 돈을 '벌고 쓰는 것'을 우리는 흔히 경제 활동이라 한다. 사람들은 대체로 버는 것과 쓰는 것 중 버는 것을 더 중요하게 여긴다. 그만큼 일자리가 중요하다는 것이다. 그렇다면 그 일자리로 가는 과정에는 무엇이 필요한가? 그렇다. 바로 교통이다. 서울 같은 대도시는 집값이 비싸기 때문에 직장 근처보다는 통근이 되는 거리에 집을 얻는 게 보통이다. 또한 교통체증이 심하기에

짠테크보다 집테크

자차보다는 환승도 되고 제시간에 출발·도착하는(특별한 문제가 없다면) 지하철을 더 선호하기도 한다.

광화문, 여의도, 강남은 서울의 3대 업무지구로 불린다. 일자리가 밀집해 있다는 것이다. 세 곳 모두 고소득 직장인들이 많고 강남은 상권까지 발달해 있어 지하철 이용객들이 매우 많다. 2호선, 3호선, 9호선은 이 지역까지 운행하는 노선으로서 다른 노선과 비교했을 때 이용객이 더 많은 편이며, 특히 9호선은 급행이 있어서 장거리 이동 시 시간을 꽤 많이 절약할 수 있다.

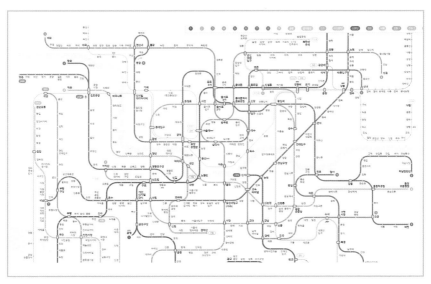

✅ **수도권 지하철 노선도**

출처: 네이버

같은 지하철이라도 주요 역을 지나치는지, 배차간격은 어떻게 되는지, 환승의 편의가 보장되는지 등에 따라 차이가 크게 난다(경전철은 이용객이 적고 노선도 짧다). 특히 신분당선의 경우, 강남으로 다니면서 일반 열차보다 2배가량 빠르다. 판교에서 강남까지는 거리가 제법 멀지만, 열차의 빠른 속도가 거리의 부담감을 대폭 줄인다.

이미 개통한 좋은 노선의 역세권이라면 당연히 비쌀 것이다. 그렇다면 역세권이 될 지역을 기다리는 것도 하나의 방법일 텐데, 철도 노선은 예비타당성부터 실제 운행까지 10년 이상이 걸리기 때문에 역세권이 '될' 지역을 기다린다면 이미 착공한 노선을 목표로 삼는 것이 바람직하다. 물론, '아실'에서 이 모든 검색이 가능하다.

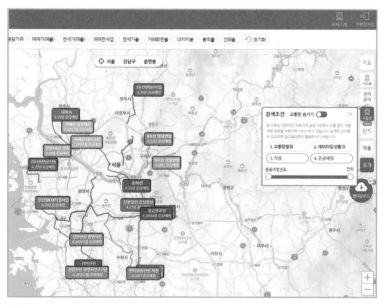

✅ 아실 설정 검색

출처: 아실

짠테크보다 집테크

우측 교통망 탭의 [교통망발표], [예비타당성통과], [착공], [준공예정] 중 [착공]과 [준공예정]만 선택할 수 있다. 현재 착공한 노선은 대곡소사선, 8호선 별내 연장, 9호선 강일 연장, 위례신사선, 월곶판교선, 신안산선, 동북선, 인덕원 동탄선, 인천발 KTX이다. 착공하여 준공을 앞둔 노선이 저렇게 많은데 계획만 있는 노선에, 그것도 '첫 집'을 장만하려는 우리가 무리해서 투자할 필요가 없다는 것이다.

호갱노노에서는 역의 위치 확인이 가능하니 착공한 노선 중 관심 있는 노선의 역사 위치를 확인해보자. 시흥시청역은 지금은 서해선만 다니는데 곧 서해선 일산연장, 신안산선, 월판선이 들어오면서 3개의 철도를 모두 이용할 수 있는 트리플역세권이 된다. 같은 지도에서 장

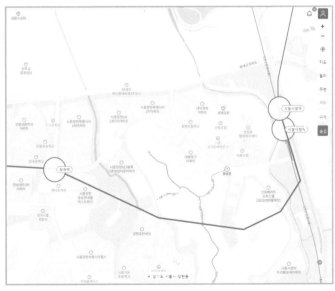

✅ 호갱노노 설정 검색   출처: 호갱노노

곡역은 지하철이 전혀 없었으나, 월판선이 들어서면서 역세권 아파트가 된다. 월판선을 타고 다른 노선으로 환승을 할 수 있으니, 그 가치는 더 오를 것으로 예상된다. 우리 동네에서 그저 내 마음에 든다는 이유로 고른 아파트보다, 역세권이 될 아파트를 고른다면 투자의 성공 확률이 더 높아지지 않을까?

2. 교육

우리나라 사람은 특히 신분 상승에 대한 욕구가 많다. '교육'은 계층 사다리를 오를 수 있는 좋은 방법 가운데 하나이기에 입지적인 면에서 결코 배제할 수 없다. 현재 자녀가 없고, 향후 자녀 계획이 없다 하더라도 '남들이 원하는 것을 사야 한다'라는 원칙에 의거, 교육은 매우 중요하다. 자녀가 좋은 학교, 좋은 학원에, 편하게 다니길 원하는 것은 당연한 부모의 마음일 것이다.

수도권의 학군으로는 '서울 3대 학군'인 대치동과 목동, 중계동이 있다. 호갱노노의 학원가 탭에서 확인해보자. 학업성취도가 높은 학교와 특목고를 많이 보내는 중학교는 학군에서 가장 중요한 요소이다. 학업성취도는 아실에서도 간단하게 검색할 수 있다. [학군비교]로 들어가면 해당 지역과 평균이 표시된다. 가령 강남구의 학업성취도는 대왕중학교가 근소하게 높고, 특목고 진학률은 압구정 중학교가 가장 높다.

짠테크보다 집테크

순위	학교명	학업성취도	특목고 진학률
1	대왕중학교	97.6%	1.8%
2	압구정중학교	97.6%	8.8%
3	대청중학교	97.1%	3.8%
4	대명중학교	95.2%	3.8%
5	신사중학교	94.8%	3.5%
6	단국대학교사범대학부속중학교	94.6%	1.6%
7	역삼중학교	94.3%	5.8%
8	도곡중학교	94.2%	5.7%
9	구룡중학교	94.2%	3.7%
10	진선여자중학교	93.7%	2.8%
11	언주중학교	92.1%	4.9%
12	숙명여자중학교	92.1%	4.2%
13	봉은중학교	90.5%	0.9%
14	휘문중학교	89.9%	1.5%
15	대치중학교	88.5%	4.2%

✅ 진학률과 성취도   출처: 아실

'학구도안내서비스(schoolzone.emac.kr)'에서는 어느 학교로 배정이 되는지 검색이 가능하다. 특목고를 보내려는 상위권 학생들의 학부모에게는 어느 단지에 들어가느냐에 따라서 배정되는 학교가 달라지기에 학구도는 매우 중요하다고 볼 수 있다. 어떤 아파트는 같은 단지 안에서도 동에 따라 배정되는 학교가 나뉘기도 한다. 학군지에서는 '몇 동'인지까지도 중요한 것이다.

1) 대치동

전국 1위 학원가인 대치동은 1,000여 개의 학원이 밀집한 지역으로, 방학이 되면 전국에서 수많은 학생이 모여든다.

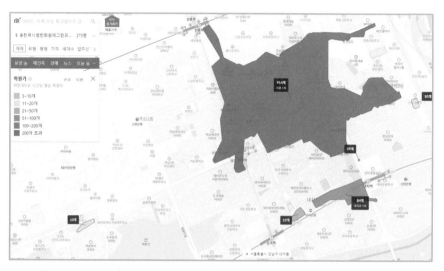

✅ **대치동 학원가**

출처: 호갱노노

2) 목동

목동에서 학업성취도와 특목고 진학률이 가장 높은 학교는 목운중학교다. 월촌중학교, 목동중학교, 신목중학교도 우수하다. 목동7단지, 하이페리온, 동양파라곤, 트라팰리스 등 우수한 학교 인근의 아파트는 인기가 높다. 주변에 유해시설이 없고 주거환경이 쾌적하면서 학업성취도가 좋고 교통도 편리하기 때문이다. 목동은 전체적으로 재건축 연한이 되어가기 때문에 살면서 자산의 가치를 높일 수 있는 지역 중 하나다.

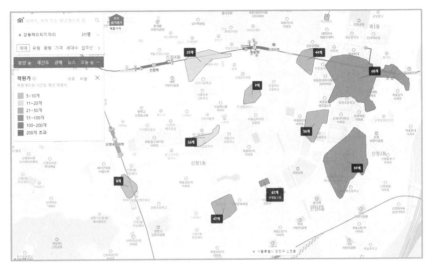

✅ **목동 학원가**

출처: 호갱노노

3) 중계동

서울 학군지 중 가성비가 가장 좋은 지역은 중계동이다. 불암중학교, 을지중학교, 상명중학교는 특목고 진학률이 높고 학업성취도 또한 우수하다. 택지지구이며 동북선 호재와 중계동 학원가가 잘 되어 있어, 20억 원대가 훌쩍 넘는 대치동이나 목동 아파트에 비해 가성비 면에서는 오히려 좋게 느껴진다. 중계동은 신축 아파트가 없으며, 10억 원대 미만으로 30평대가 가능하다. 이사를 자주 다니기 어려운 학

✅ **중계동 학원가**

령기 부모에게 추천할 만한 지역이다.

경기도의 3대 학군은 1기 신도시인 분당과 평촌, 그리고 일산이다.

1) 분당

분당에서 학업성취도가 가장 높은 중학교는 수내중학교이다. 분당은 1기 신도시 특별법으로 재건축이나 리모델링 이슈가 있으면서 학군 수요도 많다. 수내중학교를 품고 있는 푸른마을은 2023년 2월,

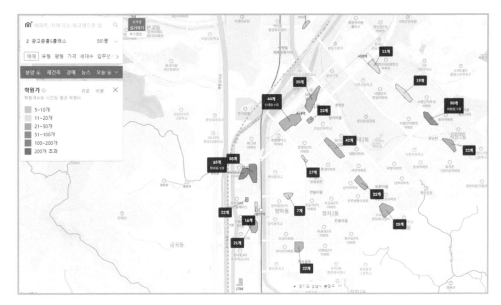

✅ 분당 학원가

출처: 호갱노노

11억 원대까지 거래되었다(전고점 15억 원까지 찍었는데, 가격이 4억 원가량 떨어졌다). 충분히 낮아졌다는 인식 때문인지, 특례보금자리 대출이 되지 않음에도(9억 원 이상은 안 됨) 거래가 되었다.

2) 평촌

평촌에서 특목고 진학률이 가장 높은 학교는 귀인중학교, 학업성취도가 가장 높은 학교는 대안여자중학교이다. 귀인중학교와 인접한 현대홈타운(33평)은 2023년 1월, 9억 원대 초반에 거래되고 전세와 반전세 거래도 활발하다. 보통 초등학교 6년, 중고등학교 6년, 총 12년

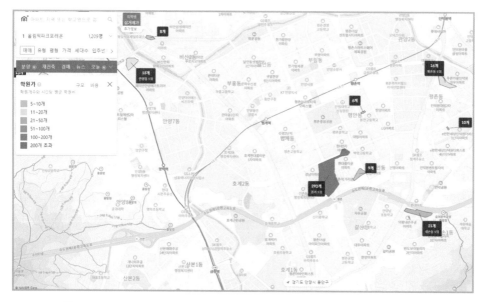

동안 학교를 다녀야 하기에 학군지의 전세수요는 안정적이다.

3) 일산

일산의 학군지에는 일산서구의 오마중학교와 일산동구의 정발중학교가 있다. 오마중학교 건너편의 후곡9단지 롯데아파트는 가장 최근 거래가 5억1,000만 원(27평), 전고점은 6억6,000만 원이었다. 일산역 서해선 연장 개통이 임박하면서 학군지로는 가장 낮은 시세를 가지고 있어 좋은 대안이 될 수 있다. 어디가 좋은 지역인지는 분명하기에, 상대적으로 비싸게 사는 것이 아니라면 어느 지역이든 좋은 선택을 할

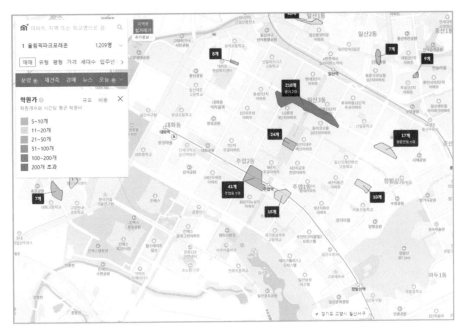

✅ 일산 학원가

 출처: 호갱노노

수 있다. 좋은 지역도 비싸게 사면 수익을 보기 어렵고, 시세가 낮은
지역도 상대적으로 저렴하게 사면 수익을 볼 수 있다.

3. 일자리와 상권

출근을 쉽고 빠르게 할 수 있으면서, 쾌적한 곳을 선호하는 건 당
연한 일이다. 비교적 높은 소득을 올릴 수 있는 직장으로의 출퇴근,
쾌적하고 균형 있는 주거지가 인기 있는 까닭이다. 서울에는 3개의 업
무지구(강남, 여의도, 광화문)가 있는데, 연봉이 높은 지역은 그만큼 주거환

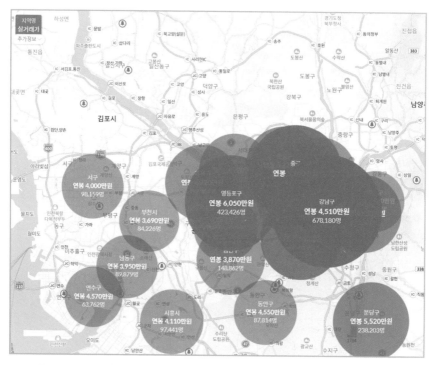

✅ **지역별 평균연봉과 출퇴근 인구**

출처: 호갱노노

경이 좋아야 한다.

  을지로에서 출퇴근하는 직장인은 약 4만5,000명이며 평균연봉은 7,820만 원이다. 여의도는 28만 명에 평균연봉 7,230만 원, 강남은 평균연봉이 5,000만 원대로 비교적 낮은 편이지만 역삼동 21만 명, 서초동 16만 명, 삼성동 13만 명, 논현동 9만3,000명으로 출퇴근 인구는 압도적으로 많다. 구역을 더 넓게(양재와 잠실까지 포함) 잡으면 강남권역으로 출퇴근하는 인구는 100만 명에 달할 것으로 예상된다.

수원 매탄동은 삼성전자의 영향으로 13만 명(평균연봉 1억3,000만 원)의 직장인이 출퇴근하는 것으로 집계된다. 판교는 10만 명, 구로·가산은 21만 명이다. 연봉이 높으면서 출퇴근 인원이 많으면 그만큼 수요도 많다. 이 데이터는 호갱노노 직장인 연봉 데이터로, 국민연금 본사 소재지 기준이다. 강남으로 출퇴근하는 인구가 대략 100만 명인데 모두가 강남에 살 수는 없기에, 강남권 대중교통은 매우 중요하다고 볼 수 있다.

경기도 이천은 SK하이닉스의 도시로 경강선 부발역 인근으로 출퇴근하는 사람이 많다. 평균연봉 9,000만 원의 직장인 4만 3,000명이 출퇴근하지만 억대 연봉자가 누릴 만한 인프라가 부족해 부발역 인근 아파트 가격은 낮은 편이다. 단순하게 평균연봉과 출퇴근 인원만 보고 판단해서는 안 되는 이유다(직접 가보면 인프라가 부족하다는 것을 몸소 느낄 수 있다).

소비는 주로 집 근처에서 발생하는데, 생활에 필요한 편의시설이 없다면 불편할 수밖에 없다. 그래서 은행, 병원, 약국, 미용실, 편의점, 부동산, 빵집, 카페, 반찬가게 등을 아우를 수 있는 근린상가가 있는 곳이 좋다. 반대로 유흥주점이 많거나 마사지 숍, 노래방 등이 있는 상가는 선호 대상에서 벗어난다. 유흥주점 같은 경우 중심상권에 밀집되는 경향을 보인다. 만약 우리 집 앞이 밤만 되면 불야성을 이루고

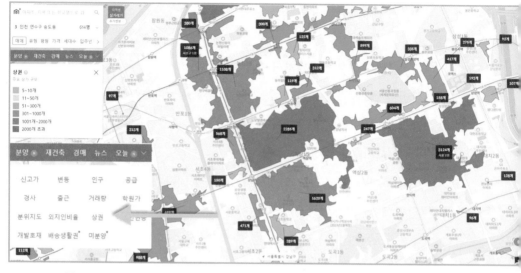

✅ **강남 상권**

출처: 호갱노노

시끌벅적해진다면 아이를 키우는 입장에서는 백이면 백 고개를 젓게
될 것이다.

　이마트와 코스트코 같은 대형마트나 백화점, 스타필드 등은 사람
들이 좋아하는 상권 중 하나다. 더구나 요즘은 식당, 문화, 레저시설
을 모두 갖춘 복합 쇼핑센터가 눈에 띄게 늘어서 선호도가 더 높아졌
다. 실제로 삼송의 한 아파트는 스타필드가 근처에 들어서고 나서 값
이 많이 뛰기도 했다. 주말이나 휴일에 동네가 좀 복잡해진다는 단점
이 있지만, 편한 차림에 슬리퍼를 신고 쇼핑을 하고 반찬거리도 사올
수 있다면 그 편리함은 이루 말할 수 없을 것이다. 참고로 우리나라
최고의 상권이라 불리는 강남구에는 한 블록에 상가 2,000개가 밀집

짠테크보다 집테크

해 있는 곳도 있다.

4. 환경

　오션뷰, 한강뷰 같은 얘기를 한 번쯤 들어봤을 것이다. '조망'은 아파트 가격에 실로 지대한 영향을 주며 아파트에 따라 적게는 수백에서 수천만 원, 많게는 수억 원씩 차이가 난다. 거실에 섰을 때 한강이 파노라마처럼 펼쳐져 보인다면, 수억 원씩 나는 가격 차이가 어느 정도는 이해될 것이다.

✅ **아크로서울포레스트**　　　　　　　　　　　　　　　　출처: 네이버

　서울 성수동 위치한 초호화 아파트, 아크로서울포레스트의 한강뷰다. 한 폭의 그림 같은 조망을 위해 창호 프레임에도 많은 신경을 쓴 듯하다. 한강과 서울숲이 한눈에 들어오는, 최고의 조망권으로 정평

✓ 부산 엘시티

✓ 북위례 중흥S클래스

이 나 있는 곳이기도 하다.

왼쪽 사진은 부산의 엘시티라는 아파트에서 찍은 오션뷰다. 이런 조망권이라면 매일 여행하는 기분이 들 수도 있을 것 같다.

북위례 중흥s클래스에서는 골프장뷰가 보인다. 초록의 잔디도 푸른 바다 못지않은 청량감을 준다.

'자연이 좋으면 자연에서 살면 되지'라는 생각으로 도시를 벗어나면 십중팔구는 금세 불편함을 느낄 것이다. 환경이 너무 한쪽으로만 치우치면 생활의 균형이 깨질 수도 있다는 얘기다. 편의시설과 자연

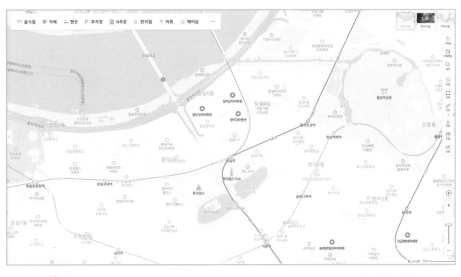

✓ 잠실

출처: 네이버 부동산

이 적절하게 조화를 이루고 있다면 그야말로 금상첨화다. 잠실은 그런 점에서 매우 뛰어난 주거지라고 볼 수 있다. 잠실한강공원, 석촌호수, 롯데월드, 롯데백화점, 잠실종합운동장, 올림픽공원 등등 주요 시설들이 즐비하다. 고급 주거지답게 학군도 좋다. 2호선과 8호선이 지나는 구간이라는 것도 잠실의 빼놓을 수 없는 강점이다. 잠실은 위에서 설명한 좋은 주거지 입지의 4가지 요소 중 거의 모든 요소를 갖췄다고 봐도 무방하다.

· 퀀텀 점프하는 지역의 비밀 ·

지하철이 개통하면 아파트 가격이 오를까?

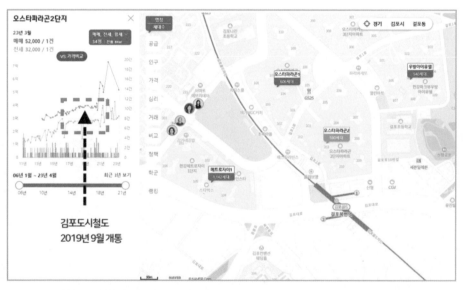

✅ 오스타 파라곤 2단지

출처: 아실

짠테크보다 집테크

두 아파트를 놓고 고민할 때, 한 단지에 지하철 개통이 예정되어 있다면 어떨까? 어디를 가는 노선인지, 배차간격은 어떤지, 실제 개통은 언제인지 등도 물론 중요하겠지만 일단 지하철 개통이 예정된 단지라면 개통할 때쯤엔 가격이 오를 거란 막연한 기대감이 생긴다. 부동산 전문가들은 호재가 발표될 때 한 번, 착공할 때 한 번, 개통할 때 한 번 오른다고 말한다. 실제로도 그럴까?

오스타 파라곤 2단지는 김포도시철도 걸포북변역 인근의 역세권 아파트로 김포도시철도가 2019년 9월에 개통하였음에도 개통 이후 시세가 오르지 않았다. 김포도시철도의 한계 2량짜리 경전철이고, 김포에서 김포공항까지만 운행한다는 점이 제한을 줄 수 있기에 다른 단지도 찾아보았다. 서울의 좋은 노선으로 비교하기 위해 제법 최근에 개통해 시세 그래프가 있는 9호선을 살펴보겠다.

9호선은 2009년 6월에 개통했는데 양천향교역 역세권 동신대아 아파트는 개통하고도 오히려 계속 떨어지는 모습을 보였다(강서구 가양동에는 초소형아파트가 많은데, 동신대아 아파트에 30평대가 있어 이곳을 선택하게 되었다). 직전에 많이 올라서 그런지 2015년 정도까지만도 6억 원대이던 시세가 4억 원대로 계속 떨어졌다. 일자리 노선이라고 하는 9호선인데도 말이다.

아파트는 지역별·상품별로 서열이 분명해서 오를 때도 서열을 유지하며 오르고, 내릴 때도 서열을 유지하며 내린다. 지역별 평균 가격

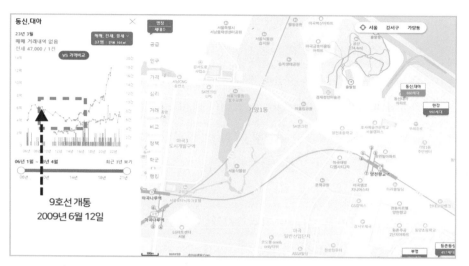

이기 때문에 그 안에서도 높은 급지의 신축과 낮은 급지의 신축을 비교하면 다를 수 있다. 평균적으로 마포구 공덕동이 가장 서열이 높으며, 강서구는 마포구나 강동구에 비해 낮은 시세를 유지하고 있다.

그런데 2007년~2015년까지 비슷한 시세를 유지하던 상계동과 가양동은 2015년 이후 가양동의 시세가 가파르게 오르면서 서열이 나뉘게 된다. 가양동의 약진은 2015년부터 시작되었는데, LG그룹이 이전을 준비하면서 협력업체들이 입주하고 2017년 LG사이언스파크에 LG전자 연구원 9,000명이 출근하면서 급부상했다. 가양동은 단순히 지하철만 개통한 것이 아니라 일자리가 들어오면서 서열이 바뀐 지역이다.

✅ 상계동과 가양동   출처: 아실

노원구는 강남을 기준으로 북쪽의 끝이고 강서구는 서쪽의 끝이
다. 2014년 이전까지는 9호선 개통과는 별개로 성북구보다는 시세가
낮았고, 노원구 상계동과 강서구 가양동의 평단가가 같았다. 2015년
을 전후로 마곡에 기업들이 입주하면서 성북구와 강서구 가양동의
평단가는 같아졌다. 한 단계 신분이 상승한 것이다. 강서구 가양동은
교통도 편하고 서쪽 끝 외곽에서 고소득 일자리가 있는 직주근접 지
역이 되었다.

투자가 목적일 때 이 같은 과거 사례는 현명한 선택의 기준이 된
다. 성북구도 올랐고 상계동도 올랐는데 특히 가양동은 시세가 가파

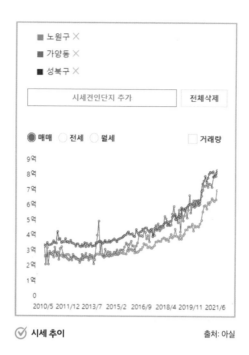

■ 노원구 ✕
■ 가양동 ✕
■ 성북구 ✕

| 시세견인단지 추가 | 전체삭제 |

● 매매　○ 전세　○ 월세　　　　　□ 거래량

9억
8억
7억
6억
5억
4억
3억
2억
1억
0

2010/5　2011/12　2013/7　2015/2　2016/9　2018/4　2019/11　2021/6

✔ **시세 추이**　　　　　　　　　　　　　　출처: 아실

르게 오르면서 퀀텀 점프하는 지역이 되었다. 다만 우리 생각처럼 시세가 오르지는 않는다는 것이다. 개통하면 오를 거라는 생각에 매수했다가 오랫동안 안 올라서 '이 지역은 안 오르는구나' 하고 팔면 거짓말처럼 시세가 오르는 로직이 여기서 나온다.

부동산 시세의 상승은 수요가 많아지는 것(일자리)이 가장 좋고 교통 호재는 그다음이다. 부동산의 가치는 사람이 만드는 것이며, 사람이 많이 모이는 지역의 부동산이 가치가 높은 건 당연한 이치다. 토지는 호재가 있으면 바로 가격이 올라가지만, 아파트는 호재가 있다고 바로 오르거나 가치가 높아지는 건 아니다. 아파트는 사람들이 모이

　　　　　　　　　　　　　　짠테크보다 집테크

목표1 : 창동역일대 도시재생사업과 연계한 지역활성화

전략1 | 대규모가용지를 활용한 문화·유통·컨벤션 등 복합기능 확충

- **KTX 동북부 연장선 및 GTX-C(광역급행철도) 노선과 연계한 복합환승센터 개발 추진**
  - KTX 환승센터 착공 전까지 침체된 지역 이미지 쇄신 및 도시재생사업의 활성화를 위한 창동 플랫폼61 운영
  - KTX 동북부 연장 개통 후 환승주차장부지 개발을 통해 컨벤션, 숙박 등 복합환승센터 개발 추진
- **청년창업센터, 복합문화시설개발 추진**
  - 시유지 활용(환승주차장 등)으로 청년창업센터 및 문화시설 조성을 통해 지식형 R&D 및 문화산업의 산업생태계 구축기반 마련
  - 동북권의 일자리 기반 강화 및 중심지 조기활성화 유도

전략2 | 복합문화시설 개발을 통한 문화예술기반 및 생활·여가 인프라 확충

- **서울아레나 유치 및 문화예술 관련 기업 유치를 통한 문화·예술 클러스터 구축**
  - 민간투자 유치를 통해 선도사업으로 아레나를 포함한 동북4구 복합문화 거점 조성
  - 동북권 공연인프라 기능 및 문화생태계 기반을 확충하고 동북권을 '스쳐 지나가는 곳'에서 '사람이 모이는 곳'으로 재탄생
- **통합적 문화비지니스 벨트 구축을 통해 지역 활력상승 유도**
  - 2만석 규모 공연장 및 문화컨텐츠 등 연관산업 공간조성을 통해 문화산업생태계 구축

✅ **창동·상계 도시재생활성화계획안**   출처: 서울 도시계획 포털

고 살아야 가치가 올라가는데 10년 뒤에 GTX가 들어온다고 해서 임차인들이 미리 가서 살지 않는다는 것이다. 물론 기대감에 호가는 올라가겠지만 가격이 잘 유지되는지는 시간을 두고 지켜보아야 한다.

부동산은 늘 변화하는데 지금도 직주근접을 위한 복합문화시설과 환승센터, 일자리 공급을 계획 중인 지역들이 있다. 창동역세권 개발이 그 대표적 예다. 동북권 일자리의 기반을 강화하고 GTX-C 창동역 등의 개발이 계획 중에 있다. 이런 계획들은 오래전부터 추진되고, 차근차근 진행되는 것이기 때문에 투자를 결정할 때는 실제 사업의 진행이 어떻게 되어가고 있는지 알아보는 것이 좋다. 계획만 거창하고 오랜 기간 진행되지 않는 사업도 많다. 너무 앞서가려고 하면 조급함 때문에 일을 그르칠 수 있으니 주의하자.

집을 마련하겠다는 목표를 세웠으면, 우선 청약통장을 만들고 매달 10만 원씩 납입한다. 현금이 필요할 때 청약통장을 담보로 대출을 받을 수 있으므로, 청약을 포기했다고 해서 통장을 해지해서는 안 된다.

① 부모님과 함께 사는 경우

직장 생활을 하면서 부모님과 함께 사는 경우, 생활비가 어느 정도 절감되므로 저축하기에 딱 좋다. 특히 방이 아무리 좁아도 50만 원 이하의 월세는 찾아보기 힘든 요즘 같은 시기에는 더욱 그렇다. 극도의 짠테크도 이 시기에는 가능할 수도 있다. 종잣돈을 충분히 모으고 어느 정도 의미 있는 금액이 모였을 때는 분양권, 재개발, 갭투자 등 '내가 들어가서 살지 않아도 되는 투자'를 할 수 있다.

② 결혼을 앞둔 경우

신랑과 신부 두 사람이 청약으로 신혼부부 특공(특별공급)이나 매매를 통해 집을 마련할 수 있다. 만약 능력이 되는 경우, 각자 집을 하나씩 마련한 후 결혼하면 세대합가로 각자의 주택을 1세대 1주택 비과세 대상으로 바꿀 수도 있다. 단, 혼인 후 5년 안에 팔아야 하고, 비과세 요건(2년 보유 혹은 거주)을 각각 갖춰야 한다. 중복으로 5년간 2주택을 가져갈 수 있는 좋은 방법이며, 이때만 사용할 수 있으니 참고하자.

③ 신혼으로 자녀가 없는 경우

맞벌이로 최대한 많이 벌 수 있는 시기가 바로 '신혼이면서 자녀가 없을 때'다. 둘 사이에 수입과 지출이 투명하다면 소득의 비율에 맞게 생활비를 내는 것이 좋다. 집을 마련한 이후에도 2년마다 비과세 혜택을 받으며 적극적으로 이사를 다닐 수 있다. 아이가 학교에 들어가기 전까지는 이런 식으로 계속 더 좋은 곳으로 이동해야 한다. 부부의 소득이 서로 불투명한 경우 돈을 모으기 힘들며, 소득이 없는 주부의 경우 특히 경제적으로 많이 힘들어질 수 있으니 주의하자. 이와 관련된 자세한 내용은 독일의 금융전문가 '보도 섀퍼'가 쓴 『머니 파워』(매일경제신문사, 2022)를 참고하면 많은 도움이 될 것이다.

④ 급여를 많이 받는 맞벌이 부부

대기업에 다니는 맞벌이 부부나 전문직 고소득자들은 할 수 있는 가장 좋은 방법은 바로 '상급지 갈아타기'다. 1주택 비과세 투자, 혹은 일시적 2주택(1주택+1입주권) 비과세로 좋은 집으로 이사 가면서 원리금을 충분히 낼 수 있다는 것이다. 이 같은 투자를 하려면 재개발-재건축이 낀 투자를 하고, 대체주택 특례에 대한 확실한 공부가 필요하다.

⑤ 학령기의 자녀가 있는 경우

학령기의 자녀가 있으면 이사 다니기 쉽지 않다. 전학이라는 것이 그리 단순한 문제가 아니기 때문이다. 교육환경이 더 좋아지는 선택이 아니라면 양도세를 내는 한이 있어도 이사 가지 않는 것이 좋다. 교육도 교육이지만 안정적인 환경이 아이들의 성장에 더 중요하기 때문이다. 이때만큼은 돈보다는 가족을 위한 선택을 하고, 자녀의 의견을 존중해주는 것이 바람직하다. 그래서 거주하는 집을 놔두고, 투자 목적으로 집을 사고파는 것이 가장 현실적이라고 볼 수 있다.

⑥ 소득이 적은 가정

월 소득으로 생활이 빠듯하다면 원리금이 부담스러울 수 있다. 이럴 때는 종잣돈으로 갭투자를 해놓고 자신은 전월세를 살아도 된다. 그러면 원리금에 대한 부담을 줄일 수 있다. 대신 월세나 전세가 부담이 되지 않는 선이어야 하기에 불편을 감수하면서 최소한의 주거비로 살아야 한다. 1억 원의 종잣돈을 가진 사람이 4억 원을 대출받아 5억 원짜리 집에 살면 4억 원에 대한 이자를 내야 한다. 하지만 전세 4억 원에 갭 1억 원인 집을 사면 이자를 자신이 내지 않아도 되기에, 주거 비 이상의 수익을 기대할 수 있는 곳에 투자하는 것이 바람직하다.

한 가지 방법이 더 있다. 필요한 금액보다 조금 넉넉하게 대출받 거나, 자신의 형편보다 금액이 적은 아파트를 선택해 여윳돈을 남겨 두는 것이다. 2년 치 이자까지 대출받는다 생각하고 지내는 것이다. 단, 더 받은 대출로 소비를 해서는 안 된다. 그렇게 아끼면서 갚아나가 면 이자에 대한 스트레스를 덜 수 있다. 이 방법은 양도세를 내지 않 으면서 거주의 문제가 해결(실거주)되므로 상황이 된다면 해볼 만하다.

부동산뿐만 아니라 웬만한 것들은 전부 돈으로 살 수 있다. 어쩌 면, 행복 또한 돈으로 살 수 있을지도 모른다. 그러나 삶에 쪼들리면 서까지 무리하게 '부의 행복'을 좇는 것은 건강한 투자라고 보기 어렵 다. 검소하게, 아끼면서 투자하는 방법과는 그 본질 자체가 다르다. 투 자 때문에 매 순간 숨이 막히고, 하루 24시간 내내 스트레스를 받는 다면 자신이 올바른 투자를 하고 있는지, 한 번쯤 생각해봐야 할 것 이다.

월급 200만 원을 받으며 매월 월급의 10%도 저축하기 어려운 사람에게 10억 원이 넘는 서울 집값은 어쩌면 절망 그 자체일 수도 있다. 매체에 자주 등장하는 압구정 현대아파트, 은마아파트, 잠실주공5단지 같은 아파트는 그 벽의 높이조차 가늠하기 힘들 정도다. '종잣돈 1억 원도 당장 까마득한데, 평당 1억 원을 웃도는 아파트엔 도대체 어떤 사람들이 사는 걸까?' 하면서 말이다. 나는 이런 아파트를 상속받지 않고 '자력'으로 마련한 사람들을 많이 알고 있다. 명심하자. 그 사람들이 '우리'가 되지 말라는 법은 없다.

　　강남의 아파트를 자력으로 마련한 사람들도 우리처럼 돈이 없고,

부동산에 무지한 사람들이었다. 그들이 그 위치에 오를 수 있었던 것은 두려울 때 현명한 선택을 했고, 목표를 달성하기까지 한시도 공부를 게을리하지 않았기 때문이다. 기회는 생각보다 많고, 자세히 찾지 않으면 잘 보이지 않는다. 기회는 취향이 까다로워서 자신에게 맞추려고 한다면 절대 만날 수 없다. '기회가 원하는 조건'에 자신이 다 맞춰야 한다는 것이다. 다른 변수는 스스로 통제할 수 없기에 성공하기 위해서는 통제가 되는 변수를 가지고 노력해야 한다. 내가 부자가 되는 데에 나보다 더 열심히 하거나 잘할 수 있는 사람은 없으니 말이다.

시간이 없어서, 지금 하는 일이 너무 바빠서, 돈이 없어서, 지식이 없어서, 경제 상황이 좋지 않아서, 부동산 시장이 좋지 않아서, 배우자나 부모님이 회의적이라서 등 이유는 천차만별이지만 '그래서 못 한다'라는 결론만큼은 똑같다. 대부분 그러한 이유로 철벽 방어를 하며 기회를 차단해버린다. 사람들을 모아놓고 성공에 대한 얘기를 하다 보면 정말 상상도 못 할 만큼의 창의적인 핑곗거리들이 쏟아져 나온다.

여기 3종류의 사람이 있다. 스스로 동기 부여하며 지치지 않고 나아가는 사람, 하고 싶은 마음은 있으나 의지가 약해 누군가가 도와줘야 하는 사람, 현실을 극복할 의지가 전혀 없는 사람. 자수성가한 부자들은 대부분 '지독한 가난'이라는 과거를 가졌다. 그 가난이 너무 싫어 악착같이 노력한 것이다. 가난하지만 그럭저럭 살 만한 사람은 그렇게까지 노력하지 않는다. 또 못 견디게 가난한데도 그 안에서 적응하고 사는 사람들도 있다. 그렇다면, 우리는 어떤 사람일까?

사람은 두려움과 욕망 사이를 서성인다. 욕망은 넘치는데 두려움이 없으면 준비 없이 일을 저지르고 같은 실수를 반복할 것이고, 욕망은 없고 두려움만 있다면 매일 벌벌 떨면서 아무것도 하지 못할 것이다. 우리는 자신에 대해 잘 모른다. 자신에게 지나치게 가혹한 사람이 있는가 하면, 자신을 과잉보호하는 사람도 있다. 또 어떤 사람은 동기부여와 위로를 적절히 잘하며 꾸준히 앞으로 나아가는 사람도 있다.

부동산 투자가 두렵다면 한번 생각해보자. 투자하는 것이 두려운가? 아니면 투자하지 않는 것이 두려운가? 투자하지 않아서 가난해지는 것과 투자해서 실패하는 것 중 무엇이 더 두려운가? 선택은 자신의 몫이다. 나는 투자하지 않아서 가난해지는 게 더 두려웠고, 어쩌면 그래서 결심할 수 있었다. 하늘은 스스로 돕는 자를 돕는다. 나를 가장 잘 도울 수 있는 사람은 다름 아닌 '나 자신'이다. 자신을 돕지 않는 사람은 하늘도 돕지 않는다.

《볍씨 한 톨》이라는 전래동화를 한 번쯤 접해 봤을 것이다. 시아버지에게 받은 볍씨 한 톨로 결국에는 소를 몰고 온 셋째 며느리에 관한 이야기다. 먼저 볍씨 한 톨로 참새를 잡았다. 그 참새로 달걀과 바꿔 암탉으로 키우고, 암탉이 알을 낳아 그 병아리를 또 닭으로 키웠다. 그 닭으로 돼지를 사고, 많은 새끼를 낳은 돼지를 키워 결국 소로 바꾸었다. 그 소를 가지고 논을 산 뒤 마침내 그 동네에서 큰 부자가 되었다는 오래된 이야기다. 어릴 때는 그저 재미로 읽었는데, 평범한 사람이 적은 자산을 가지고 어떻게 부자가 되는지 알려주는 지혜가 가득 담긴 책이었던 것이다. 셋째 며느리가 부자가 될 수 있었던 이유를 꼽아보자.

첫째, 자산을 샀다. 노동으로 돈을 모으려고 하거나 소비를 위한 물건을 사지 않았다. 자산(資産)은 '재물 자'에 '낳을 산', 즉 재물을 낳는 것이 바로 자산이다. 현금은 재물을 낳지 않으므로 자산이라고 볼 수 없다.

둘째, 계속 더 좋은 자산으로 옮겨갔다. 자신이 살 수 있는 자산을 사서 그 자산의 힘과 자신의 노력으로 더 좋은 자산을 갖게 된 것이다. 멈추지 않고 꾸준히 반복하면서 오늘보다 내일, 내일보다 모레 더 큰 부자가 될 수 있었다.

지금도 볍씨 한 톨로 자산을 일구어 가정을 일으킨 무명의 '히어로'가 많다. 당장 가지고 있는 자산이 적다고 포기해서는 안 된다. 시장이 흔들릴 때 반드시 틈이 생겨난다. 태풍이 불면 큰 나무가 쓰러지고 때로는 뽑히기도 한다. 그 큰 나무의 그늘에 가려 햇빛을 보지 못한 작은 풀에게 태풍은 오히려 기회일 수도 있다는 것이다.

투자의 결과가 좋을 수도 있고 좋지 않을 수도 있지만 '그다음'이라는 것은 반드시 존재한다. 인생에는 정답이 없다. 꼭 100점을 맞아야만 성공한 인생이 아니라는 것이다. 100번 중 51번 성공하면 성공에 더 가까운 삶이다. 100점짜리 선택을 위해 망설이다가 아무것도 못 하는 것보다는 51점 이상의 선택을 목표로 하는 게 훨씬 현명하다. 특히 부동산 투자는 다른 그 어떤 사업이나 투자보다 승률이 높다. 투자를 잘못해서 실패한 경우보다는 투자를 안 해서 가난해진 경우가 더 많으니 말이다. 아무것도 하지 않으면 0점이다.

내가 부동산 투자를 처음 시작한 2016년, 누구보다 열정이 넘쳤던 워킹맘이 있었다. 대학병원에서 간호사로 일했고 남편은 공무원이었다. 투자로 돈을 벌고 싶은 욕심과 열정이 대단했고, 실행력도 있었다. 경매로 하나를 먼저 낙찰받고 추가로 지역 아파트를 하나 더 샀다. GTX 이슈로 사람들이 주목하던 지역이었다. 외곽에 있는 아파트라 다른 아파트보다 값이 천천히 올랐는데, 다른 동네가 오를 때 자기 집만 안 오른다며 불평을 하곤 했다. 다른 투자 모임에 들어가 좋다고 하는 지역들을 많이 샀다. 신기하게도 사는 족족 값이 뛰었고, '이까짓 월급 받아서 뭐 하나' 싶어 직장도 그만두고 전업투자자의 길로 들어섰다. 그 사이 벤츠도 한 대 뽑았다. 넘치는 자신감을 주체할 수 없었던 것이다.

2021년, 생활 숙박형시설과 재건축 지하상가 등 전통적으로 위험한 물건들의 가격이 올랐는데 그때 분위기에 휩쓸려 마구잡이로 사들이기 시작했고 예측하지 못했던 급격한 하락세를 맞이하면서 상황은 완전히 뒤바뀌게 되었다. 주택의 수가 많으니 보유세가 수천만 원

짠테크보다 집테크

이 나오고, 매매가는 떨어지는데 팔리지도 않고…. 결국 전세가가 내려가고 공실이 많아지면서 하루아침에 나락으로 떨어지게 된 것이다.

도박도 마찬가지다. 초보자가 돈을 많이 따게 되면, 간이 커져서 판돈이 올라가고 결국 가진 것을 모두 잃게 된다. 우리는 욕심 앞에서 이성을 잃곤 한다. 부동산 투자는 생각보다 단순하다. 사지 말아야 하는 것을 사면 망하고, 좋은 것에 투자하면 성공한다. '누구나 필요로 하는 집'은 가격이 하락해도 언젠가 다시 가격을 회복한다는 것을 잊지 말자. 그리고 그 믿음만 있으면 힘든 시기를 잘 견딜 수 있다. 어쩌면 지금이 기회일지도 모른다. 많이 하락한 지역을 파고들어 공부해보자.

성공의 J 곡선

만약 여러분의 꿈이 꼭 이루어야 할 꿈이고 간절하다면, 그 간절함의 크기를 행동으로 보여주면 된다. 사람들이 꿈을 이루지 못하는 이유는 간단하다. 꿈을 헐값에 사려고 하기 때문이다. 성공하고 싶다면 그에 따른 대가를 반드시 치러야 한다. 물론 열심히 하면 다 잘될 거라는 말은 할 수 없다. 열심히 할수록 앞날이 더 캄캄해지던 시기가 내게도 있었기 때문이다.

성공은 우상향을 그리지 않는다. 노력한 만큼의 결과가 있다면 성공하는 사람이 더 많아질 것이다. 그러나 아이러니하게도 성공은 J 곡선을 그린다. 노력해도 더 힘들어지는 구간이 있다는 뜻이다. 노력할수록 더 힘든 이 마의 구간을 지나고 나면 급격한 성장을 하게 된다.

대부분은 이 마의 구간을 넘어가지 못하고 포기한다. 파레토의 법칙에 따라 마의 구간 동안 성공에 필요한 80%의 노력이 채워졌을 때, 비로소 성장은 시작된다.

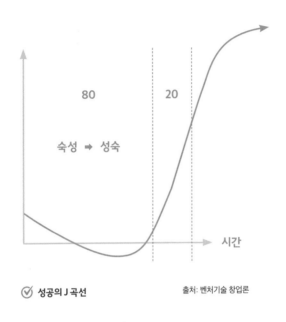

성공의 J 곡선

출처: 벤처기술 창업론

나의 30대는 가난했다. 먹고 사는 일에 늘 허덕였다. 빈둥거리면서 힘들었다면 억울하지는 않았을 텐데, 성실하지 않거나 열심히 살지 않은 적이 단 한 번도 없었다. 힘든 것보다 나를 더 두렵게 만든 건, 소망이 없었다는 것이다. 불안감 때문에 불면증에 시달렸고, 정신적으로 늘 괴로웠다. 40대 중반이 된 지금은 상황이 많이 달라졌다. 정말 감사하게도 내가 원했던 삶의 윤택함을 제대로 맛보며 살고 있다.

'현재의 내'가 부동산을 처음 공부하는 '과거의 나'를 가르친다면 무엇을 먼저 가르칠까? 내가 20대, 30대 때 알았더라면 실수하지 않았을 '지식'과 '지혜'를 이 책에 담았다. 전체적인 그림을 그리고, 하나씩 실행해 나간다면 불필요한 시행착오를 줄여줄 거라 확신한다. 부동산은 '돈이 없을 때 다음을 준비하는 사람'이 승리한다. 우리의 '순간'은 돈을 갖고 있을 때다. 그 순간에 올바른 '선택'을 하려면 준비되어 있어야 한다. 양궁선수가 한 발의 화살을 쏘기 위해 몇 년을 훈련하는 것처럼, 부자가 되길 원한다면 부자가 될 자격을 먼저 갖춰야 한다.

누가 40세를 불혹이라 했는가? 공자는 40세를 두고 세상일에 정신을 빼앗겨 미혹하는 일이 없을 나이라고 했는데, 그것은 공자 본인 이야기고 우리는 40세에도 세상일에 아주 많이 흔들린다. 뭔가를 하려면 실패가 두렵고, 아무것도 안 하자니 살기가 힘들고…. 남들은 이걸로 돈깨나 벌었다던데 내가 하면 끝물이기 일쑤다.

돈이 없는데 공부를 하는 사람은 그리 많지 않다. 아무나 될 수 없는 부자가 되려면 우리는 아무나 할 수 없는 노력을 해야 한다. 기회는 언제 어디서, 또 어떤 모습으로 우리에게 펼쳐질지 모른다. 행운은 언제나 주변에서 온다. 기회를 놓쳤다고 실망하거나 좌절할 필요도 없다. 인생이라는 그라운드에서 내려오지만 않는다면, 기회는 계속 공을 던진다. 안 하면 0점, 하면 최소한 5점이다.

고등학교를 졸업하면 당연하게 대학을 가고, 대학을 졸업하면 취업을 준비한다. 성인이 될 때까지 누군가의 안내대로 별다른 결단이나 고민 없이 살았고, 학교에서는 늘 정답이 있는 시험을 보면서 자랐다. 성인이 되어보니 인생에 대한 어떠한 가이드도 없이, 중요한 결정들을 준비 없이 해나가고 있다는 걸 알게 되었다. 삶의 주인으로 산다는 것은 필요한 결정을 하고 그에 따르는 책임을 지는 것이다. 스스로 결정하지 않으면 남이 시키는 대로만 살게 된다. 내 시간을 벌기 위해, 부는 반드시 필요하다.

충분히 알아보고 투자하였다면 이렇게 생각해보자.

'내 삶에서 최고의 가치는 나와 내 가족이 행복하게 사는 것이다.'

세계관의 크기는 곧 자신의 크기다. 새가 알에서 태어나는 것 같이 사람은 자기 몸만큼의 세상을 품고 태어난다. 내가 만나는 사람, 내가 다니는 장소, 생각, 읽는 것, 보는 것, 느끼는 것, 만나는 것이 나의 우주가 된다는 것이다. 부자가 되고 싶다면 자신의 세계관을 넓혀야 한다. 주변 사람보다 조금 더 좋은 옷을 입고, 좋은 차를 타고, 열심히 사는 것에서 한걸음 떨어져 더 큰 세계를 보자. 자신을 과소평가하면 성공할 수 없고, 과대평가하면 망한다. 우리는 자신에 대해서 잘 모른 채로 평생을 살아간다. 투자는 자신을 잘 모르면 성공하기 어렵다. 자신에게 맞지 않는 투자를 하면 잠도 못 자고 밤새 괴로워할 것이다.

부자가 되는 과정은 마라톤과 같다. 한 번 부자가 되었다고 해서 끝나는 게임이 아니라 삶이 유지되는 마지막 순간까지, 어쩌면 우리의 다음 세대까지 부를 이어가야 하는 것이다.

수많은 책 중 이 책을 선택한 여러분이 삶의 주인으로서 온전히 하루를 보내고, 계절의 변화를 느낄 만큼의 여유를 갖고, 더 나은 삶을 위한 선택의 자유를 가족들에게 마음껏 보장해 줄 수 있었으면 좋겠다.

우리는 누구나 부자가 될 수 있고,
반드시 그렇게 될 것이다.

나는 오를 아파트가 좋다

초판 1쇄 발행 2023년 5월 31일
초판 2쇄 발행 2023년 6월 15일

지은이 | 이소라(나땅)
펴낸이 | 권기대
펴낸곳 | ㈜베가북스

주소 | (07261) 서울특별시 영등포구 양산로17길 12, 후민타워 6-7층
대표전화 | 02)322-7241 **팩스** | 02)322-7242
출판등록 | 2021년 6월 18일 제2021-000108호
홈페이지 | www.vegabooks.co.kr **이메일** | info@vegabooks.co.kr
ISBN 979-11-92488-34-9 (03320)